KLAUS RÜHLE

Das Wucherverbot - effektiver Schutz des Verbrauchers vor überhöhten Preisen?

Schriften zum Bürgerlichen Recht

Band 48

Das Wucherverbot -
effektiver Schutz des Verbrauchers
vor überhöhten Preisen?

Von

Dr. Klaus Rühle

DUNCKER & HUMBLOT / BERLIN

Alle Rechte vorbehalten
© 1978 Duncker & Humblot, Berlin 41
Gedruckt 1978 bei Buchdruckerei Bruno Luck, Berlin 65
Printed in Germany
ISBN 3 428 04221 2

Vorwort

Das strafrechtlich und zivilrechtlich sanktionierte Wucherverbot gehört zu den ältesten Versuchen des Gesetzgebers, den Verbraucher vor überhöhten Preisen zu schützen. Freilich ist die Effektivität des Wucherverbots seit langem zweifelhaft. Diese Zweifel bleiben auch nach der Neufassung des Wucherverbots durch das Erste Gesetz zur Bekämpfung der Wirtschaftskriminalität vom 29.7.1976 bestehen, denn die Neufassung hat keine wesentlichen Änderungen gebracht. Die vorliegende Arbeit untersucht deshalb, ob und inwieweit das Wucherverbot heute einen effektiven Schutz des Verbrauchers gewährleistet und ob sowie gegebenenfalls welche Möglichkeiten bestehen, den Schutz des Verbrauchers vor Wucher zu verbessern.

Die Arbeit beginnt mit einer Bestandsaufnahme der wichtigsten gegenwärtigen Erscheinungsformen des Wuchers und ihrer Bekämpfung (I). Es folgt ein historischer Abriß, der die Geschichte des Wucherverbots und seiner Handhabung durch die Rechtsprechung im Kontext mit den sonstigen Bemühungen des Gesetzgebers um einen Schutz des Verbrauchers vor überhöhten Preisen darstellt (II). Geboten ist sodann eine kritische Würdigung der kürzlich erfolgten Neufassung des Wucherverbots, die zu Reformvorschlägen für das materielle Recht überleitet (III). Schließlich werden Maßnahmen zur effektiven Durchsetzung des Wucherverbots erörtert (IV). Eine Zusammenstellung der wichtigsten Wuchergesetze des In- und Auslandes findet sich im Anhang der Arbeit.

Die vorliegende Arbeit wurde vom Fachbereich Rechtswissenschaft der Universität Hamburg als Dissertation angenommen.

Rechtsprechung und Literatur sind bis Dezember 1977 berücksichtigt worden.

Herrn Prof. Dr. Eike von Hippel (Hamburg) danke ich für die Anregung und Förderung der vorliegenden Arbeit.

Klaus Rühle

Inhaltsverzeichnis

I. Wucher und Wucherbekämpfung in der Gegenwart — Bestandsaufnahme

1. Die wichtigsten Erscheinungsformen des Wuchers 13
2. Die Ineffizienz der bisherigen Wucherbekämpfung 17
   a) Die strafrechtliche Wucherbekämpfung 17
   b) Die zivilrechtliche Wucherbekämpfung 19
   c) Die gewerberechtliche Wucherbekämpfung 19
3. Die Ursachen für die Ineffizienz des Wucherverbots 20

II. Geschichte des Wucherverbots

1. Der Schutz vor Wucher bis Mitte des 19. Jahrhunderts 25
   a) Das Römische Recht 25
   b) Das Kanonische Recht 25
   c) Das Gemeine Recht 26
2. Die sozialen Folgen der Zinsfreigabe und die Reaktion des Gesetzgebers bis 1896 27
3. Die Auslegung des Wucherverbots durch das Reichsgericht 29
   a) Das auffällige Mißverhältnis 29
   b) Die Ausbeutungsmerkmale 30
      (1) Die Notlage 30
      (2) Die Unerfahrenheit 32
      (3) Der Leichtsinn 33
   c) Die Ausbeutung 34
4. Der Sozialwucher der Kriegs- und Nachkriegszeit 34
5. Die Erweiterung des zivilrechtlichen Wucherschutzes durch das Reichsgericht 36
6. Die Gesetzgebung bis 1976 38

8 Inhaltsverzeichnis

7. Die Rechtsprechung des Bundesgerichtshofes und der Untergerichte zum Wucherverbot 41

   a) Das auffällige Mißverhältnis 42

   b) Die Ausbeutungsmerkmale 46

      (1) Die Notlage 46
      (2) Die Unerfahrenheit 47
      (3) Der Leichtsinn 48
      (4) Abweichende Entscheidungen der Untergerichte 48

8. Die Neufassung des Wucherverbots 49

III. Reformvorschläge zum materiellen Recht

1. Der Wuchertatbestand 51

   a) Die Ausbeutungslage 51

      (1) Die Zwangslage 52
      (2) Die Unerfahrenheit 53
      (3) Der Mangel an Urteilsvermögen 53
      (4) Die erhebliche Willensschwäche 54

   b) Fahrlässige Ausbeutung 55

   c) Das auffällige Mißverhältnis 58

   d) Die Additionsklausel 58

   e) Ergebnis 60

2. Zivilrechtliche Sanktionen 60

   a) Der Schutz des Bewucherten 64

   b) Die generalpräventive Funktion des § 138 Abs. 2 BGB 68

   c) Ergebnis 70

3. Spezielle Regelung des Konsumentenkreditwuchers 71

   a) Vereinfachung des Wucherbestandes (Vorschlag des Bundesrates) 72

   b) Gesetzliche Zinsbeschränkungen 74

   c) Der Umfang der Kreditkosten 78

      (1) Die Provision selbständiger Kreditvermittler 79
      (2) Die Restschuldversicherungsprämie 82

IV. Reformvorschläge zur Durchsetzung des Wucherverbots

1. Maßnahmen zur Verbesserung des Informationsstandes 88

   a) Schutz vor irreführender Werbung 89

   b) Verbesserung der Marktübersicht 92

2. Maßnahmen zur zivilrechtlichen Bekämpfung 94

   a) Einrichtung eines Verbraucherrechtsberatungsdienstes 95

   b) Systematische Sammlung und Veröffentlichung einschlägiger Gerichtsurteile 98

   c) Schutz vor unberechtigten Mahnbescheiden 98

   d) Vereinfachtes Verfahren zur Durchsetzung von Rückforderungsansprüchen 99

3. Maßnahmen zur straf- und verwaltungsrechtlichen Bekämpfung .. 101

Schlußwort 103

Anhang: Die Wuchergesetze des In- und Auslandes 105

1. Bundesrepublik Deutschland 105

   a) § 138 Abs. 2 BGB 105

   b) § 302 a StGB 105

   c) §§ 4—6 WiStG 106

2. Österreich 106

   a) § 879 ABGB 106

   b) Wuchergesetz 1949 (Auszug) 107

   c) Verordnung gegen die Ausbeutung Kreditsuchender (Auszug) .. 107

3. Schweiz 109

   a) Art. 21 Obligationenrecht 109

   b) Interkantonales Konkordat über Maßnahmen zur Bekämpfung von Mißbräuchen im Zinswesen (Auszug) 109

4. Frankreich 110
Loi no. 66—1010 relative à l'usure, aux prêts d'argents et à certaines opérations de démarchage et de publicité (Auszug) 110

5. Italien 113
Codice Civile (Auszug) 113

6. Niederlande 113
Wet op het consumptier geldkrediet (Auszug) 113

7. Großbritannien 115
Consumer Credit Act 1974 (Auszug) 115

8. Vereinigte Staaten von Amerika 117
Uniform Consumer Credit Code (Auszug) 117

Literaturverzeichnis   121

Abkürzungsverzeichnis

AcP	Archiv für die zivilistische Praxis (Band, Seite)
Arbeitsrecht	Arbeitsrecht Zeitschrift für das gesamte Dienstrecht der Arbeiter, Angestellten und Beamten (Jahr, Seite)
ArchBüRe	Archiv für Bürgerliches Recht (Band, Seite)
Banque	Revue mensuelle du banquier des son personel et de sa clientèle (Jahr, Seite)
BAnz.	Bundesanzeiger (Datum, Seite)
BB	Der Betriebsberater (Jahr, Seite)
Betr.	Der Betrieb (Jahr, Seite)
BGBl.	österreichische Bundesgesetzblatt (Nr., Jahr)
BGBl. I	deutsches Bundesgesetzblatt Teil 1 (Jahr, Seite)
BGBl. (Norddeutscher Bund)	Bundesgesetzblatt des Norddeutschen Bundes (Jahr, Seite)
BGE	Entscheidungen des Schweizerischen Bundesgerichts, Teil II: Zivilrecht, Teil IV: Strafrecht (Band, Seite)
BGHSt	Entscheidungen des Bundesgerichtshofes in Strafsachen (Band, Seite)
BGHZ	Entscheidungen des Bundesgerichtshofes in Zivilsachen (Band, Seite)
Boston U. L. Rev.	Boston University Law Review (Band, Seite)
Commercial L. J.	Commercial Law Journal (Band, Seite)
DJ	Deutsche Justiz (Jahr, Seite)
DJZ	Deutsche Juristenzeitung (Jahr, Spalte)
Ds. BR	Drucksachen des Bundesrates (Nr./Jahr)
Ds. BT	Drucksachen des Bundestages (Legislaturperiode, Seite)
DStR	Deutsches Strafrecht (Jahr, Seite)
EvBl.	Evidenzblatt der Rechtsmittelentscheidungen, Beilage der Österreichischen Juristenzeitung (Jahr, Nr.)
Gaz. Pal.	La Gazette du Palais (Jahr, Teil, Seite)
GoltdA	Goltdammers Archiv für Strafrecht (Band, Seite)
Gruchots Beitr.	Beiträge zur Erläuterung des Deutschen Rechts, begründet von Gruchot (Band, Seite)
GRUR	Gewerblicher Rechtsschutz und Urheberrecht (Jahr, Seite)

GRUR (Int.)	Gewerblicher Rechtsschutz und Urheberrecht, Auslands- und internationaler Teil (Jahr, Seite)
HRR	Höchstrichterliche Rechtsprechung (Jahr, Nr.)
JCP	Juris Classeur Periodique (Jahr, Teil, Seite)
Jherings Jb.	Jherings Jahrbücher der Dogmatik des bürgerlichen Rechts (Band, Seite)
JNS NF	Jahrbuch für Nationalökonomie und Statistik, Neue Folge (Band, Seite)
J. O.	Journal Officiel (Jahr, Seite)
JR	Juristische Rundschau (Jahr, Seite)
JR II	Juristische Rundschau, Rechtsprechungsbeilage (Jahr, Nr.)
JuS	Juristische Schulung (Jahr, Seite)
Justiz	Die Justiz — Amtsblatt des Justizministerium Baden-Württemberg (Jahr, Seite)
JW	Juristische Wochenschrift (Jahr, Seite)
JZ	Juristenzeitung (Jahr, Seite)
LM	Nachschlagwerk des Bundesgerichtshofes in Zivilsachen, herausgegeben von Lindenmaier und Möhring (Entscheidungsnummer/Gesetzesstelle)
LZ	Leipziger Zeitschrift für Deutsches Recht (Jahr, Spalte)
MDR	Monatszeitschrift für Deutsches Recht (Jahr, Spalte)
NJW	Neue Juristische Wochenschrift (Jahr, Seite)
OLGZ	Sammlung der Rechtsprechung der Oberlandesgerichte (Band, Seite)
Ottawa L. Rev.	Ottawa Law Review (Band, Seite)
Protokolle	Protokolle des Sonderausschusse für die Strafrechtsreform (Legislaturperiode, Seite)
RabelsZ	Zeitschrift für ausländisches und internationales Privatrecht, begründet von Ernst Rabel (Band, Seite)
RAG	Entscheidungen des Reichsarbeitsgerichts (Band, Seite)
Recht	Das Recht (Jahr, Nr.)
Recueil Dalloz	Recueil Dalloz Sirey (Jahr, Teil, Seite)
RGBl.	Reichsgesetzblatt (Jahr, Seite)
RG- Rechtspr. (Strs.)	Rechtsprechung des Deutschen Reichsgerichts in Strafsachen, herausgegeben von Mitgliedern der Reichsanwaltschaft (Band, Seite)
RGSt	Amtliche Sammlung der Reichsgerichtsrechtsprechung in Strafsachen (Band, Seite)
RGZ	Amtliche Sammlung der Reichsgerichtsrechtsprechung in Zivilsachen (Band, Seite)
SAE	Sammlung arbeitsrechtlicher Entscheidungen (Jahr, Seite)

SeuffA	Seufferts Archiv für Entscheidungen der obersten Gerichte in den deutschen Staaten (Band, Nr.)
SJZ	Süddeutsche Juristenzeitung (Jahr, Spalte)
SJZ	Schweizerische Juristenzeitung (Jahr, Seite)
Stan. L. Rev.	Stanford Law Review (Band, Seite)
StBl.	(niederländisches) Staatsblad (Jahr, Nr.)
TW	Die Teilzahlungswirtschaft (Jahr, Seite bzw. Heft/Jahr, Seite)
VersR	Versicherungsrecht. Juristische Rundschau für die Individualversicherung (Jahr, Seite)
VRS	Verkehrsrechtssammlung (Band, Seite)
WA	Westdeutsche Arbeitsrechtspraxis (Jahr, Seite)
Warneyer	Warneyer, Die Rechtsprechung des Reichsgerichts (Jahr, Nr.)
Wirtschaftsrecht	Beiträge zum Wirtschaftsrecht (Jahr, Seite)
WM	Wohnungswirtschaft und Mietrecht (Jahr, Seite)
WPM	Wertpapiermitteilungen, Teil IV B: Wertpapier- und Bankfragen, Rechtsprechung (Jahr, Seite)
WRP	Wettbewerb in Recht und Praxis (Jahr, Seite)
WuW	Wirtschaft und Wettbewerb (Jahr, Seite)
WuW/BGH	Entscheidungssammlung zum Kartellrecht, Rechtsprechung des BGH (Seite)
ZBJV	Zeitschrift des Bernischen Juristenvereins (Band, Seite)
ZentrBl.	Zentralblatt für die juristische Praxis (Jahr, Seite)
ZfdgStW	Zeitschrift für die gesamte Staatswissenschaft (Band, Seite)
ZfRpfl. i. Bayern	Zeitschrift für Rechtspflege in Bayern (Jahr, Seite)
ZMR	Zeitschrift für Miet- und Raumrecht (Jahr, Seite)
ZRP	Zeitschrift für Rechtspolitik (Jahr, Seite)
ZStW	Zeitschrift für die gesamte Strafrechtswissenschaft (Band, Seite)
ZVP	Zeitschrift für Verbraucherpolitik (Jahr, Seite)

I. Wucher und Wucherbekämpfung in der Gegenwart
— Bestandsaufnahme —

1. Die wichtigsten Erscheinungsformen des Wuchers

Eine umfassende empirische Untersuchung über Häufigkeit und Erscheinungsformen wucherischer Verträge existiert nicht. Gleichwohl kann kein Zweifel daran bestehen, daß der Wucher — also die Ausnutzung der Schwäche des Vertragspartners zur Durchsetzung einer erheblich überhöhten Forderung — eine im heutigen Wirtschaftsleben keineswegs seltene Erscheinung ist. Die folgenden Beispiele stellen vermutlich nur die „Spitze eines Eisberges" dar.

Weithin bekannt sind die Mißstände in den Randbereichen des *Konsumentenkreditmarktes*. Eindrucksvolle Beispiele für die Ausbeutung des Verbrauchers durch gewerbliche Kreditvermittler[1] und Geldgeber hat der Rheinische Sparkassen- und Giroverband 1973 in seiner Broschüre „Vorsicht — Kredithaie" zusammengestellt[2]. Von der Schädigung, die der Kreditnehmer teilweise durch sog. Koppelungsgeschäfte[3] erleidet ganz abgesehen, summieren sich die als Zinsen, Gebühren, Risikoprämie, Wertsicherungseinbehalt, Auskunftsspesen, Inkassospesen, Vorkostengebühren, Vermittlungsprovision, Versicherungsprämie und anders bezeichneten Kosten schnell auf einen effektiven Jahreszinssatz von 40 % und mehr.

Die Zeitschrift „Test"[4] bat 1974 165 Geldvermittler um die Angaben ihrer Preise für Kleinkredite. Lediglich 75 antworteten. Für einen Kleinkredit von 2000,— DM mit 24 Monaten Laufzeit betrug der effektive Jahreszinssatz[5]

---

[1] Allgemein zur Stellung und Tätigkeit der Vermittler von Konsumentenkrediten, Karbach (1977) mit umfangreichem Tatsachenmaterial (S. 74 ff.).

[2] Einige Beispiele sind auch in dem von der Verbraucherzentrale Baden-Württemberg herausgegebenen „Schwarzbuch über Geld- und Kreditinstitute" (S. 40 ff.) abgedruckt.

[3] Der Kredit wird nur beim gleichzeitigen Abschluß von Versicherungen aller Art oder nur zum Kauf bei einem Händler gewährt, der mit dem Vermittler zusammenarbeitet, vgl. TEST, Oktober 1974 S. 491, 492.

[4] TEST, Oktober 1974 S. 491 ff.

[5] Gesamtkosten, bestehend aus Zinsen, Bearbeitungsgebühren, Antragsgebühren, Provision, Restschuldversicherungsprämie und sonstigen Kosten, bezogen auf den tatsächlich überlassenen Betrag. Die Angaben der Vermittler wurden von der Zeitschrift nicht überprüft.

I. Wucher und Wucherbekämpfung in der Gegenwart

bei 9 Agenturen unter 25 %,
bei 35 Agenturen zwischen 25 bis unter 30 %,
bei 27 Agenturen zwischen 30 bis unter 35 %,
bei 4 Agenturen zwischen 35 bis unter 40 %
(Höchstwert: 39,4 %).

Bei einem Kleinkredit von 5000,— DM mit 36 Monaten Laufzeit ergaben sich folgende Effektivverzinsungen:

Bei einer Agentur 19,3 %,
bei   18 Agenturen zwischen 20 bis unter 25 %,
bei   41 Agenturen zwischen 25 bis unter 30 %,
bei   14 Agenturen zwischen 30 bis unter 35 % und
bei einer Agentur 36,3 %.

Zur gleichen Zeit betrug der banktübliche Effektivzins — ohne Restschuldversicherung — weniger als 15 %. Auch die vergleichsweise teuren Teilzahlungs- und Privatbanken lagen in Hamburg unter 23 %[6]. Da über die Hälfte der befragten Makler jede Auskunft verweigerten, stellen die genannten Kreditkosten noch die Forderungen des seriöseren Teils der Branche dar.

Wegen des geringen Kreditrisikos sind als Kunden besonders Beamte und Zeitsoldaten begehrt, die in der Werbung gezielt angesprochen werden. Nach Angaben des Präsidenten der Wehrbereichsverwaltung I (Hamburg/Schleswig-Holstein) waren 1974 von 56 000 Zeitsoldaten 26,4 % bei freien Kerditmaklern verschuldet. Häufig mußte die Bundeswehrverwaltung die gesamte Abfindungssumme, die dem Aufbau einer zivilen Existenz dienen sollte, zur Schuldentilgung an den Geldverleiher auszahlen[7].

Weitaus schwerere Formen nimmt die Ausbeutung teilweise bei fehlgeschlagenen Vermittlungsaufträgern an. Grundsätzlich werden alle, auch völlig aussichtslose Anträge in jeder Höhe entgegengenommen, für die zumindest eine Bearbeitungsgebühr (z. B. 50,— DM) fällig wird. Gleichzeitig verpflichtet sich der Antragsteller formularmäßig zur Zahlung der Courtage (z. B. 6 % zuzüglich 11 % MWS) für den Fall, daß die von ihm gegebene Selbstauskunft unvollständig oder unrichtig ist. Beim Vertragsabschluß wird die Selbstauskunft mehr oder weniger als bloße Formalität dargestellt. Je dringender der Schuldner das Geld benötigt, desto eher wird er versucht sein, seine gegenwärtige finanzielle Lage zu beschönigen oder frühere Zahlungsunregelmäßigkeiten zu „vergessen". Ergibt der Vergleich mit der später eingeholten Auskunft der Schutzgemeinschaft für allgemeine Kreditsicherung (SCHUFA) auch nur geringfügige Abweichungen, dann erhält der Antragsteller statt eines Kredites nur die Aufforderung zur Zahlung der Provision. Nach der großen Zahl der täglichen Zeitungsannoncen zu urteilen, muß das Geschäft mit der Geldnot der Verbraucher trotz aller Warnungen vor „Kredithaien" auch heute noch florieren[8].

---
[6] vgl. den „Ratgeber für den Umgang mit Kreditinstituten" (1974), herausgegeben von der Verbraucherzentrale Hamburg.

1. Die wichtigsten Erscheinungsformen des Wuchers

Aber nicht nur die Finanzmakler bewegen sich auf dem Kreditmarkt im Grenzbereich des Wuchers. Trotz des außerordentlich niedrigen allgemeinen Zinsniveaus fordert beispielsweise in Hamburg eine Bank, die sich in ihrer Werbung gezielt an den „kleinen Mann" wendet, für einen Kleinkredit (2000,— DM, 24 Monate Laufzeit) 25,5 % Effektivzinsen. Die üblichen Zinssätze betragen in Hamburg 9,29 % bei den allgemeinen und ca. 18 % bei den Teilzahlungsbanken[9]. Selbst wenn diese Bank die Höhe ihrer Zinsen mit einem überdurchschnittlichen Ausfallrisiko begründen sollte, stellt sich hier die Frage, ob der Abschluß so riskanter Verträge noch im Interesse des Verbrauchers liegt.

Die Staatsanwaltschaft Mannheim ermittelte gegen eine Hypothekenbank, die bei nicht rechtzeitiger Zahlung einer Tilgungsrate einen Säumniszuschlag von 1 % des ursprünglichen Darlehensbetrages vereinbart hatte. Im konkreten Fall betrugen diese Verzugszinsen 51 % p. a. Das Verfahren wurde eingestellt, weil diese Klausel nach Auskunft der Landeszentralbank Baden-Württemberg und des Bundesaufsichtsamtes für das Kreditwesen branchenüblich (!) ist[10].

Neben dem Kredit- und Kreditvermittlungswucher verdient der *Wohnraummietwucher* besondere Beachtung. Hinlänglich bekannt sind die Fälle der Ausbeutung ausländischer Arbeitnehmer, die für menschenunwürdige Behausungen ein Vielfaches des ortsüblichen Mietzins zahlen müssen[11].

Eine Hamburger Firma von Weltruf mietete beispielsweise ein Wohnhaus, in das sie ihre ausländischen Arbeitnehmer einquartierte. Jedes der 16 bis 20 qm großen Zimmer, die nur mit dem allernötigsten Mobiliar eingerichtet waren, wurde mit drei Personen belegt. Die sanitären Anlagen waren völlig unzureichend. In den Zimmern gab es keine Waschbecken, das Wasser mußte daher in Eimern aus dem Keller geholt werden. Als Küche diente ein unbeleuchteter, völlig verwahrloster Abstellkeller. In den letzten sechs Jahren wurden trotz zahlreicher Beschwerden keine Reparaturen oder Renovierungen vorgenommen. In letzter Zeit fiel häufig tagelang der Strom aus. Die Miete, monatlich 130,— DM pro Person, also 390,— DM pro Zimmer, behielt die Firma vom Lohn ein[12]. Das „Heim" wurde Anfang 1977 aufgelöst.

Mißstände sind ferner wiederholt im Bereich der *Notdienstgewerbe* bekannt geworden. Unseriöse Abschleppunternehmen, Rohrreinigungsbetriebe[13] und Schlüsselnotdienste nützen häufig die bedrängte Lage der Betroffenen zu übermäßigen Gewinnen aus.

---

[7] Notiz, TW 1/1975 S. 32.
[8] Nach einer von Karbach, S. 80, durchgeführten Umfrage bezeichnete kein einziger Kreditvermittler seine Gewinnsituation als schlecht (!).
[9] Umfrage im Mai 1976 bei 14 Banken in der Innenstadt Hamburgs.
[10] Kommissionsbericht Anl. 9.
[11] vgl. den vom LG Darmstadt, Urt. v. 14. 1. 1972, NJW 1972, 1244 ff., dargestellten Sachverhalt.
[12] Flottbeker Rundschau Dezember 1976 S. 1.
[13] vgl. LG Nürnberg-Fürth, Urt. v. 27. 4. 1973, BB 1973. 777 f.

Gegenstand der Lokalpresse waren die Geschäftsmethoden eines Schlüsselnotdienstes, der für das Öffnen einer Tür sowie für das Austauschen des Schlosses, das häufig erst durch unsachgemäßes Vorgehen beschädigt worden war, Beträge von bis zu mehreren hundert Mark forderte. Durch das bestimmte, teilweise sogar drohende Auftreten der Angestellten gelang es fast immer, die Forderung in bar zu kassieren. Der Versuch, den Unternehmern die Gewerbeerlaubnis zu entziehen, mißlang. Das Unternehmen wies vielmehr nach, daß es wegen der Spitzenlöhne seiner Angestellten und der relativ geringen Zahl von (nachgewiesenen) Aufträgen sowie unter Berücksichtigung eines großzügigen Unternehmerlohnes der beiden Gesellschafter des Kleinstbetriebes nur einen angemessenen Gewinn erwirtschaftet habe. Auch das Ermittlungsverfahren der Staatsanwaltschaft blieb bisher ohne Ergebnis.

Ein weiteres Gebiet des Wuchers betrifft die *Ehevermittlungsbranche*. Die Mitgliedschaft in einem sog. Partnerkreis kostet — einschließlich Vorfinanzierung durch eine Teilzahlungsbank — ca. 100,— DM monatlich, die Vertragsdauer schwankt zwischen einem und drei Jahren. Das Institut nimmt als Gegenleistung das neue Mitglied in die Kartei auf und weist auf Anfrage Adressen heiratswilliger Partner nach. Da die Ehesuchenden, denen durch Werbung und Vertreter häufig ein völlig falsches Bild über ihre Erfolgsaussichten vermittelt wurde, nach einer Reihe von fehlgeschlagenen Kontaktversuchen auf weitere Anfragen zu verzichten pflegen, erschöpft sich in diesen Fällen das Vertragsverhältnis dann praktisch in der Ratenzahlung an die Bank. Daß Eheanbahnungsinstitute in der Gegenwart eine „echte soziale Funktion" erfüllen, kann nicht bestritten werden[14]. In welchem Umfang dabei eine für den einzelnen schwerwiegende soziale Bedrängnis zu weit überhöhten Forderungen ausgenutzt wird, ist bisher leider noch nicht untersucht worden.

Die Grenze zum Wucher überschreiten bisweilen auch Verträge, die „an der Haustür", auf „Kaffeefahrten" oder auf anderen *Verkaufsveranstaltungen* zustandekommen. Vorwiegend älteren und alleinstehenden Bürgern werden dabei Nährzucker, Stärkungsmittel, Waschkugeln, Rheumadecken und andere meist minderwertige Waren aufgeschwatzt, deren Preise mit einem Aufschlag von bis zu mehreren hundert Prozent auf den Einkaufspreis kalkuliert sind[15].

Die technische Unerfahrenheit des Durchschnittsverbrauchers nutzen unseriöse *Gebrauchtwagenhändler* zu Preisforderungen aus, die den Wert des Fahrzeuges manchmal um ein Vielfaches übersteigen[16].

---

[14] vgl. Gilles, JZ 1972, 377, 738; Schöpf S. 108 ff.
[15] vgl. den vom LG Trier, Urt. v. 9. 10. 1973, NJW 1974, 151, geschilderten Sachverhalt; ferner Bartl, ZRP 1976, 13, 15 m. w. N.
[16] vgl. den vom OLG Nürnberg, Urt. v. 27. 6. 1966, VRS 31 (1966), 324, geschilderten Sachverhalt. Das Gericht lehnte es ab, § 138 anzuwenden, obwohl der Kaufpreis bei einem objektiven Wert des Fahrzeuges von 600,— DM 2850,— DM betrug (!).

Last not least sind die *Vergnügungsbetriebe* zu nennen, in denen die Flasche Sekt 800,— DM und ein Glas Gin Orange 42,— DM kosten, und für den Fall, daß der Gast die Zeche nicht in bar bezahlen kann, auch schon Wechselformulare bereitliegen[17].

2. Die Ineffizienz der bisherigen Wucherbekämpfung

Zur Bekämpfung des Wuchers hat der Gesetzgeber straf-, zivil- und verwaltungsrechtliche Sanktionen vorgesehen. Verbotsnormen entfalten zwar schon durch ihre bloße Existenz eine gewisse generalpräventive Wirkung. Von einer effektiven Wucherbekämpfung läßt sich aber nur sprechen, wenn die angedrohten Sanktionen auch tatsächlich verhängt werden.

a) An diesem Maßstab gemessen ist das *strafrechtliche* Wucherverbot von einer geradezu „lächerlichen Bedeutungslosigkeit"[1]. Die Verurteiltenstatistik zu den §§ 302 a—e StGB ergibt folgendes Bild[2]:

Jahr	Zahl der Abgeurteilten	Zahl der Verurteilten	Zahl der Freisprüche bzw. Einstellungen
1954	67	16	51
1955	67	15	52
1956	68	20	48
1957	57	19	38
1958	56	16	40
1959	48	19	29
1960	53	25	28
1961	61	13	48
1962	38	10	28
1963	42	13	29
1964	51	24	27
1965	51	14	37
1966	19	3	16
1967	28	8	20
1968	29	5	24
1969	14	3	11
1970	23	10	13
1971	17	7	10
1972	26	13	12
1973	30	12	18
1974	69	28	41

[17] Die in Animierlokalen ausgestellten Wechsel hat das LG Hamburg, Urt. v. 8. 10. 1973, MDR 1973, 50, aber für sittenwidrig erklärt.

[1] Tröndle, Protokolle VII, 2565.

[2] Statistisches Bundesamt, Fachserie A: Bevölkerung und Kultur, Reihe 9: Rechtspflege, Tab. A 1 bzw. 1.

Angesichts dieser Zahlen brauchen „Wucherer ihre Verurteilung fast ebensowenig fürchten, wie bei der Promenade vom Blitz erschlagen zu werden"[3].

Bezeichnend ist auch die Höhe der Verurteilungen. Von den in den Jahren 1967 bis 1973 wegen gewerbsmäßigen Wuchers verurteilten 34 Erwachsenen erhielten

    12 nur Geldstrafen,
     9 Freiheitsstrafen bis zu sechs Monaten,
       alle auf Bewährung,
     5 Freiheitsstrafen von mehr als sechs bis neun Monaten,
       davon 4 auf Bewährung, und
     8 Freiheitsstrafen von mehr als neun Monaten bis zu einem
       Jahr, davon 4 auf Bewährung[4].

Obwohl die §§ 302 d, e StGB Freiheitsentzug von drei Monaten bis zu fünf Jahren, in schweren Fällen sogar von einem bis zu zehn Jahren vorsahen, erging seit 1954 nur ein einziges Urteil über mehr als ein Jahr Gefängnis[5]. Es ist daher anzunehmen, daß von den wenigen Verurteilten die meisten „kleine Fische" sind.

Eine Sonderstellung nimmt in den letzten Jahren dagegen der Mietwucher ein. Seit 1971 sind die Strafverfolgungsbehörden und Ordnungsämter angewiesen, verstärkt insbesondere gegen die Ausbeutung ausländischer Arbeitnehmer auf diesem Gebiet vorzugehen.

Überhöhte Mieten werden in erster Linie als Ordnungswidrigkeit nach § 5 WiStG (Mietpreisüberhöhung) und nur in Extremfällen als Mietwucher verfolgt. Die Statistik der Mietpreisüberhöhungen des Bundesministers für Wirtschaft[6] weist für die Jahre 1974 und 1975 folgende Zahlen aus:

	1974	1975
Festgestellte (bearbeitete) Fälle von Mietpreiserhöhungen	4 989	2 247
Erledigung im Verhandlungswege (Herabsetzung der Miete, keine weitere Verfolgung)	677 (14 %)	448 (20 %)
Erledigung durch Einstellung	553 (11 %)	362 (16 %)
Erledigung durch Bußgeldbescheid und/oder Anordnung der Abführung des Mehrerlöses	378 (8 %)	62 (3 %)
Zahl der Einsprüche	350 (7 %)	73 (3 %)
Erledigung durch Abgabe an die Staatsanwaltschaft (Verdacht auf Mietwucher)	330 (7 %)	52 (2 %)

---

[3] Tröndle, Protokolle VII, 2561.
[4] Angaben auf der Grundlage der Verurteiltenstatistik des Statistischen Bundesamtes, Fachserie A, Reihe 9, Tab. 5.

2. Die Ineffizienz der bisherigen Wucherbekämpfung

Der Rückgang der Gesamtzahl bearbeiteter Fälle von Mietpreisüberhöhungen beruht im wesentlichen auf einer Abnahme der in Hessen bearbeiteten Fälle (1974: 3033, 1975: 427) und läßt einen Schluß auf einen allgemeinen Rückgang der Mietpreisüberhöhungen nicht zu. Wesentliche Unterschiede bestehen in der Verfolgungspraxis der einzelnen Länder. Während in Hamburg und Bayern über die Hälfte der dort festgestellten Fälle im Verhandlungswege erledigt werden können, spielt diese Möglichkeit in den anderen Ländern nur eine untergeordnete Rolle. Unerklärlich ist aber, weshalb sich laut Statistik etwa die Hälfte aller Fälle überhaupt nicht erledigen.

Eine Reihe positiver Urteile zu § 5 WiStG[7] und dem früheren § 302 f StGB[8] lassen hoffen, daß sich die Effizienz der straf- und ordnungsrechtlichen Bekämpfung des Wuchers auf diesem Gebiet in Zunkunft verbessern wird.

b) Nach § 138 Abs. 2 BGB ist das wucherische Rechtsgeschäft nichtig. Statistisches Material über die Bedeutung dieser Norm in der Praxis der Zivilgerichte existiert nicht. Eine Durchsicht aller am Amtsgericht Hamburg-Altona 1974 eingegangener Klagen bestätigte den bereits für das Strafrecht gewonnenen Eindruck.

Von insgesamt 3794 Vorgängen betrafen 500 Mietstreitigkeiten und 1072 Streitigkeiten aus anderen gegenseitigen Verträgen. In 87 Prozessen (= 17,4%) war bei Mietverträgen die Höhe des Mietzinses umstritten. In den meisten Fällen ging es um Verstöße gegen die damals in Hamburg noch gültige Mietpreisbindung. Die Prozesse wurden teilweise mit erheblichem Aufwand durch mehrere Instanzen hindurch geführt. Bei anderen Verträgen war die Höhe des Preises in 45 Fällen (= 4,2 %) streitig. Regelmäßig handelte es sich um Reparaturaufträge, bei denen das Gericht, soweit eine gütliche Einigung fehlschlug, den angemessenen Preis nach § 315 Abs. 3 BGB aufgrund eines Sachverständigengutachtens festsetzte. In einigen Prozessen stritten die Parteien darüber, ob eine Einigung über einen Preis in dieser Höhe überhaupt zustandegekommen war. In keinem einzigen Fall spielte § 138 Abs. 2 BGB eine Rolle.

c) Gemäß § 35 GewO kann die Ausübung eines Gewerbes wegen Unzuverlässigkeit untersagt werden. Seit dem 1. 2. 1973 bedarf u. a. auch der Kreditmakler einer Erlaubnis, die zu versagen ist, wenn der Antragsteller in ungeordneten Verhältnissen lebt oder Zweifel an seiner Zuverlässigkeit bestehen (§ 34 c Abs. 1, 2 GewO)[9]. Nach Auskunft der Hamburger Behörde für Wirtschaft, Verkehr und Landwirtschaft hat diese Vorschrift zwielichtige Personen zwar vereinzelt davon abgehalten, überhaupt einen Antrag zu stellen. Bei der Behörde war aber

---

[5] Verurteiltenstatistik 1961: Freiheitsstrafe bis zu zwei Jahren.

[6] Aktenzeichen I B 4 — 24 B1 71/7.

[7] vgl. OLG Frankfurt, Urt. v. 14. 2. 1975, ZMR 1975, 371; OLG Stuttgart, Urt. v. 27. 5. 1975, ZMR 1975, 370 f.

[8] vgl. LG Darmstadt, Urt. v. 14. 1. 1972, NJW 1972, 1244 ff; Urt. v. 25. 5. 1973, NJW 1975, 549 f.; LG Köln, Urt. v. 18. 2. 1975, ZMR 1975, 367 ff.; OLG Köln, Urt. v. 29. 7. 1975, NJW 1976, 119 f.

[9] Gesetz zur Änderung der Gewerbeordnung v. 16. 8. 1972, BGBl. I S. 1465.

kein einziger Fall bekannt, in dem die Bezirksämter einen Antrag auf Zulassung als Kreditmakler wegen Unzuverlässigkeit abgelehnt oder eine erteilte Erlaubnis aus diesem Grund zurückgenommen haben.

3. Die Ursachen für die Ineffizienz des Wucherverbots

Wie vielschichtig die Gründe für die Ineffizienz des Wucherverbots sind, wird besonders am Beispiel der vermittelten Konsumentenkredite deutlich.

Bereits die Inanspruchnahme eines Kreditvermittlers in einer Zeit, in der Banken, Sparkassen und Teilzahlungsbanken in bisher nicht gekanntem Umfang für die direkte Darlehensaufnahme werben, läßt auf ein irrationales Marktverhalten schließen. Zum einen scheint bei vielen Verbraucher im Verhältnis zur seriösen Bank immer noch ein „Angstfaktor" eine Rolle zu spielen. Die Bank wird in einer Art „Elternrolle" gesehen, da sie wie in der Eltern-Kind-Beziehung kontrollieren, entscheiden und durch Kreditverweigerung bestrafen kann. Aus Angst, die Bank könne die finanziellen Verhältnisse mißbilligen, wendet sich der Verbraucher an den „Bösewicht", demgegenüber er sich moralisch überlegen fühlt[1].

Typisch ist die Antwort eines Arbeiters, der für einen Kleinkredit beim Makler 73 % zahlte, auf die Frage, weshalb er sich vorher nicht bei einer Bank erkundigt hätte. Er entgegnete: „Fragen Sie einen Finanzbeamten danach, wie man am besten Steuern hinterzieht?"[2]

Zum anderen gehen viele Kreditnehmer von der irrigen Annahme aus, der Finanzmakler könne ihnen selbst dann noch Geld verschaffen, wenn die Banken und Teilzahlungsbanken eine Kreditvergabe bereits ablehnen.

Weshalb sich trotz der ungezählten Aufklärungsaktionen und Warnungen von Verbraucherorganisationen, Massenmedien und Bankinstituten an diesem Verhalten so wenig geändert hat, bedarf der Erklärung.

Die Information der Verbraucherzentralen und anderer Schutzorganisationen erreicht vermutlich nicht in ausreichendem Maße den gefährdeten Konsumenten. Für eine weitgestreute Verbreitung der Broschüren fehlen meist die finanziellen Mittel.

Die großen Tageszeitungen und Wochenzeitschriften würden den potentiell gefährdeten Verbraucher zwar erreichen, mit einer rückhaltlosen Aufklärungskampagne aber gleichzeitig das florierende Anzeigengeschäft mit den Geldverleihern gefährden[3]. Artikel über „Kredithaie"

---

[1] Packard S. 53 f.
[2] TEST, Oktober 1974 S. 491.

3. Die Ursachen für die Ineffizienz des Wucherverbots

erscheinen daher überwiegend in gehobenen Zeitschriften, deren Leser sowieso nicht zum Finanzmakler gehen, oder im Wirtschaftsteil, den der „kleine Mann" nicht liest.

Auf die Gefahren der Kreditvermittlung haben in der Vergangenheit wiederholt die Sparkassen, Banken und deren Verbände hingewiesen. Aufklärungsaktionen von dieser Seite sind von besonderer Bedeutung, weil sie mit dem nötigen finanziellen Nachdruck betrieben werden und direkt den Bankkunden erreichen. Kritik anderer Wettbewerber haben die Finanzmakler aber unter virtuoser Handhabung des Wettbewerbsrechts mit erheblichem Erfolg gerichtlich bekämpft.

1972 gründeten die Finanzmakler einen Verein, dessen satzungsgemäßes Ziel insbesondere die gemeinsame Bekämpfung der gegen die Mitglieder des Vereins gerichteten unlauteren Werbung war. Das oben erwähnte „Schwarzbuch" des Rheinischen Sparkassen- und Giroverbandes — die bisher einzige größere Zusammenstellung von Einzelfällen — ist bereits 1974 durch gerichtlichen Beschluß aus dem Verkehr gezogen worden[4]. Auf Antrag des Vereins der Finanzmakler untersagte das OLG Frankfurt mit Urteil vom 4.9.1975[5] einer Großbank, durch scharfe Angriffe und emotionelle Argumente den Eindruck hervorzurufen, bei dem Gewerbe der Finanzmakler handele es sich insgesamt um ein „Haifischgewerbe". Nach Ansicht des Gerichts hätte die Bank zwischen seriösen und unseriösen Vermittlern differenzieren müssen. Auch gegen einen Vergleich der Kreditkosten von vermittelten und unvermittelten Darlehen, mit dem zwei Großbanken geworben hatten, erwirkte der Verband der Finanzkaufleute Mitte April 1976 beim LG Frankfurt eine einstweilige Verfügung[6].

Der jüngste Versuch der Bundes-Schufa, die Kreditvermittler von ihrem Auskunftsdienst auszuschließen, wird aller Voraussicht nach am Widerstand des Bundeskartellamtes scheitern. Die erste Beschlußabteilung des Bundeskartellamtes hat bereits deutlich gemacht, daß sie die Kündigungen der Anschlußverträge als marktmachtmißbräuchliches und diskriminierendes Verhalten beurteilen wird[7]. Weshalb gerade die Kreditvermittler, die ihre Existenz nur dem irrationalen Marktverhalten eines Teils der Verbraucher, also letztlich einer Störung des Marktmechanismus verdanken, sich mit so viel Erfolg auf den Schutz des Wettbewerbs berufen können, wird dem Laien ein Rätsel sein.

Der Grund für die mangelnde Bedeutung des *strafrechtlichen* Wucherverbots wird meist nur in der Sphäre des Kreditnehmers gesucht. Der betroffene Personenkreis sei in rechtlichen Dingen unerfahren und

---

[3] Mit der Drohung eines Anzeigenboykotts brachten die Kreditvermittler 1973 die massive, gegen sie gerichtete Anzeigenwerbung des Rheinischen Sparkassen- und Giroverbandes zum Stocken, vgl. o. V., TW 5/1973 S. 32.

[4] TEST, Oktober 1974 S. 493; einige Kreditvermittler erhoben Schadensersatzklagen gegen den Sparkassenverband, vgl. Notiz, TW 2/1974 S. 27.

[5] NJW 1975, 2200 ff.

[6] vgl. DIE WELT v. 14. 5. 1976 S. 6; zu weiteren gerichtlichen Verfügungen gegen die Anzeigenwerbung von Banken und Sparkassen vgl. o. V., TW 5/1973 S. 32; Notiz, TW 3/1974 S. 38.

[7] vgl. DIE WELT v. 22. 2. 1976 S. 6.

schäme sich, seine Notlage oder Unerfahrenheit einzugestehen[8]. Gerade der besonders bedrängte Kreditsuchende neige zudem dazu, bei der sog. Selbstauskunft seine finanzielle Lage nicht immer völlig der Wahrheit entsprechend anzugeben. In diesem Fall müsse der Schuldner damit rechnen, daß sich bei Einschaltung des Staatsanwaltes der Wucherer seinerseits mit einer Anzeige wegen vollendeten oder versuchten Kreditbetruges revanchiert[9].

Die Annahme, die Ineffizienz des strafrechtlichen Wucherverbots sei ausschließlich auf die fehlende Aktivität der Geschädigten zurückzuführen, wird durch einen Vergleich der Anzeigenstatistik mit der Verurteiltenstatistik widerlegt.

Jahr	Anzeigenstatistik[10]		Verurteiltenstatistik[11]	
	Erfaßte Fälle	Ermittelte Tatverdächtige	Abgeurteilte	Verurteilte
1971	141	148	17	7
1972	180	172	26	13
1973	640	363	30	12
1974	370	258	69	28
1975	225	222		

Die Gründe, weshalb nur etwa gegen jeden siebenten Tatverdächtigen der Prozeß eröffnet wird, liegen auf der Hand. Da mit einer Verurteilung wegen Wuchers auch die Untersagung der Gewerbeausübung droht[12], also die gesamte wirtschaftliche Existenz des Täters auf dem Spiel steht, wird dieser nichts unversucht lassen, um schon eine Einstellung des Ermittlungsverfahrens zu erreichen. Bereits in diesem Stadium steht dem Staatsanwalt regelmäßig ein Verteidiger gegenüber, der die zahlreichen rechtlichen Probleme beim Nachweis des Wucherparagraphen kennt und für seinen Mandanten geschickt ausnutzt. Darüber hinaus wird der Beschuldigte mit Vergleichspreisen und Betriebskostenrechnungen aufwarten, zu deren Beurteilung und Bewertung ein Staatsanwalt nicht die erforderliche Ausbildung besitzt. In dieser Lage kann man es dem ohnehin schon überlasteten Staatsanwalt nicht verübeln, wenn er seine Energie anderen Fällen zuwendet, zumal bei Wucherstraftaten aller Erfahrung nach nur eine relativ geringfügige Strafe zu erwarten ist.

---
[8] Kohlmann S. 9; Schachtschabel S. 4; vgl. schon Caro (1893) S. 144.
[9] Kohlmann S. 10.
[10] Polizeiliche Kriminalstatistik, herausgegeben vom Bundeskriminalamt, Tab. 1.
[11] Statistisches Bundesamt, Fachserie A, Reihe 9, Tab. 1.
[12] Nach § 34 c Abs. 2 Zif. 1 Halbs. 2 GewO besitzt die erforderliche Zuverlässigkeit in der Regel nicht, wer in den letzten fünf Jahren u. a. wegen Wuchers rechtskräftig verurteilt worden ist.

3. Die Ursachen für die Ineffizienz des Wucherverbots

Mit graduellen Unterschieden gilt diese Aussage auch für das Bußgeld- und Gewerbeuntersagungsverfahren. Wenn selbst gegen jeden zweiten Bußgeldbescheid wegen Mietpreisüberhöhung Einspruch eingelegt wird[13], obwohl der Tatbestand des § 5 WiStG wesentlich leichter nachzuweisen ist als Wucher und die Ermittlungen überwiegend von spezialisierten Sachbearbeitern durchgeführt werden, dann wird der erhebliche sachliche und personelle Aufwand deutlich, den eine behördliche Bekämpfung wucherischer Preise erfordert.

Die Durchsetzung der *zivilrechtlichen* Sanktion des Wucherverbots hängt in erster Linie von der Aktivität des Ausgebeuteten ab. Bei der allgemeinen Prozeßscheu des Durchschnittsbürgers[14] wird eine Klage auf Rückzahlung des wucherischen Entgelts die Ausnahme bleiben. Auch in der Rolle des Beklagten ist der Verbraucher, der vorwiegend aus sozial schwachen Kreisen kommt, seinem Prozeßgegner hoffnungslos unterlegen. Dem Kreditnehmer steht als Gläubiger nicht ein „dubioser Vermittler" gegenüber, sondern eine Bank, die die Courtage vorfinanziert hat und die Gesamtforderung nun unter Einsatz einer darauf spezialisierten Rechtsabteilung eintreibt. Eine zentrale Sammlung einschlägiger Gerichtsurteile durch den Verband ermöglicht es dem Institut, auch auf unveröffentlichte, ihm günstige Urteile zu verweisen[15]. Auf diese Weise ist besonders bei der Bestimmung der Wuchergrenze eine Einflußnahme auf die Entscheidung des Gerichts möglich, der der Beklagte nichts entgegenzusetzen hat.

Weit schwerer als die intellektuelle wirkt die wirtschaftliche Überlegenheit. Das Prozeßrisiko stellt für die Bank nur einen betrieblichen Kostenfaktor, für den Konsumentenkreditnehmer dagegen ein Problem von existenzieller Bedeutung dar.

Was sich hinter dem farblosen Wort „Prozeßrisiko" verbirgt, soll am Beispiel des vom Kammergericht mit Urteil vom 26. 9. 1974[16] entschiedenen Falles näher erläutert werden. Der Kreditnehmer beantragte ein Darlehen über 5000,— DM, von dem 3994,60 DM in bar an ihn ausgezahlt wurden. Die Gesamtforderung der Bank errechnete sich wie folgt:

---

[13] siehe oben, I 2 a), Text zu Fn. 6.
[14] vgl. v. Hippel, Verbraucherschutz, S. 91 m. w. N.; ders., RabelsZ 37 (1973), 268. Nach einer Umfrage von Kaupen und Rasehorn würden 45 % der Bevölkerung auf einen Prozeß wegen einer Forderung von 250,— DM gegen eine Versicherung auch dann verzichten, wenn sie sich im Recht glauben, NJW 1971, 497, 498.
[15] Beispielhaft die Sammlung zum großen Teil sonst unveröffentlichter Urteile im Verbandsblatt der Teilzahlungsbanken, vgl. TW 6/1973 S. 18 ff., 25; TW 3/1974 S. 23 ff., 28; TW 4/1975 S. 21 ff., 25; TW 6/1976 S. 18 ff., 26; TW 2/1977 S. 17 ff., 20; allgemein zum Informationsvorsprung der Wirtschaft: Kramer, ZRP 1976, 84, 87 f.
[16] WPM 1975, 128 ff.

ausgezahlter Betrag	3 994,60 DM
Vermittlungsprovision von 5 % aus 5000,— DM	250,— DM
angeblich überwiesene Prämie für die Lebensversicherungs- und Rentenanstalt, die dort nie eintraf	746,40 DM
Überweisungsgebühren	9,— DM
	5 000,— DM
Restschuldversicherungsprämie	224,— DM
Kreditgebühren von 1 % p. m. aus 5224,— DM für 36 Monate	1 880,64 DM
Auftragsgebühr von 3 % aus 5224,— DM	156,72 DM
	7 261,36 DM
Bisher gezahlte Rate ./.	191,36 DM
	7 070,— DM
Die Bank beantragte ferner:	
vorprozessuale Mahn- und Verzugskosten	357,— DM
12 % Zinsen aus 7428,— DM, bei 18 Monaten Prozeßdauer	1 337,— DM
	8 764,— DM
Die Gerichtskosten betragen:	
in der 1. Instanz: 3 mal 152,— DM	456,— DM
in der 2. Instanz: 3,9 mal 152,— DM	532,— DM
	9 752,— DM

Die Rechtsanwaltsgebühren betragen für zwei Rechtsanwälte:

in der 1. Instanz
    3 mal 344,— DM = 1032,— DM
    Unkostenpauschale   30,— DM
    5,5 % USt   58,— DM
    1120,— DM mal 2   2 240,— DM

in der 2. Instanz
    3,9 mal 344,— DM = 1341,— DM
    Unkostenpauschale   30,— DM
    5,5 % USt   76,— DM
    1447,— DM mal 2   2 894,— DM
    14 886,— DM

Der Kreditnehmer hätte also, wenn das Kammergericht trotz eines Effektivjahreszinses von 35,28 % dem Antrag der Klägerin gefolgt wäre, für die Überlassung von 3994,60 DM statt insgesamt 7261,36 DM, die in monatlichen Raten von je 202,— DM beglichen werden sollten, zwei Jahre später über das Doppelte zahlen müssen.

Da die Rechtssprechung speziell zum Konsumentenkredit zur Zeit uneinheitlich und der Ausgang eines Gerichtsverfahrens kaum vorhersehbar ist[17], kann man gegenwärtig jedem Verbraucher von einem Prozeß nur abraten.

---

[17] siehe unten, II 7 a), Text zu Fn. 23—31.

II. Geschichte des Wucherverbots

1. Der Schutz vor Wucher bis Mitte des 19. Jahrhunderts

Der Schutz des wirtschaftlichen Schwächeren vor Ausbeutung durch überhöhte Preise ist ein uraltes Anliegen des Rechts.

a) Die erste Beschränkungen des Zinssatzes für ein Darlehen enthielten die Zwölftafelgesetze (ca. 450 v. Chr.), die — umgerechnet auf unsere Zeitrechnung — einen Zinsfuß von 10 % p. a. festlegten[1]. Die Übertretung dieser Vorschrift wurde mit dem quadruplum, d. h. der Verpflichtung zur Zahlung des Vierfachen der den Höchstsatz übersteigenden Zinsen an den Schuldner geahndet. Auch alle späteren Kodifikationen bestimmten Zinsmaxima, deren Übertretung im allgemeinen nur zivilrechtlicher Folgen hatte. Die Überbetonung der Privatautonomie im Römischen Recht verhinderte einen alle Verträge umfassenden Wucherschutz. Der Versuch Diocletians, 301 Höchstpreise für Waren und Arbeitslöhne sogar unter Androhung der Todesstrafe durchzusetzen, scheiterte[2]. Lediglich für den Grundstückskauf sah Cod. Just. 4,44,2 die laesio enormis vor, d. h. das Recht des Verkäufers, vom Vertrag zurückzutreten, wenn er nicht einmal die Hälfte des Wertes als Kaufpreis erhalten hat[3].

b) Das Kanonische Recht verbot jedes Fordern von Zinsen[4]. Es wurde als unchristlich angesehen, an dem Geldbedürfnis eines in Not geratenen Mitmenschen auch noch verdienen zu wollen. Mit steigendem Einfluß der Kirche in Deutschland zog ein Verstoß gegen das Zinsverbot nicht nur kirchenrechtliche Sanktionen (Ausschuß von Beichte und Abendmahl, Exkommunikation) nach sich, sondern hatte auch zivil- und strafrechtliche Folgen. Die ebenfalls im Christentum wurzelnde

---

[1] vgl. zum Römischen Recht Billeter, Geschichte des Zinsfußes (1898), S. 115 ff.; Isopescul-Grecul S. 28 ff.; Genzmer, Deutsche Landesreferate zum II. Internationalen Kongreß für Rechtsvergleichung 1937, S. 25 ff.; Dehnel, Diss. Erlangen (1933), S. 9 ff.; Hartmann, Diss. Tübingen (1933), S. 3 ff.

[2] ausführliche Bücher, ZfdgStw. 50 (1894), 189 ff., 672 ff.

[3] Genzmer S. 57 ff.; Franke S. 32 ff. m. w. N.; Kittelmann, Diss. Zürich (1915).

[4] vgl. zum Kanonischen Recht Endemann, Studium der romanisch-kanonistischen Wirtschafts- und Rechtslehre (1874, 1883), 2 Bände; Neumann, Geschichte des Wuchers in Deutschland (1865); Isopescul-Grecul S. 66 ff.; Ruth, Wirtschaftsrecht 1931, 316 ff.; Hinschius, System des Katholischen Kirchenrechts, 5. Band (1895), S. 196 f., 833 ff.; Dehnel, Diss. Erlangen (1933), S. 19 ff.; Hartmann, Diss. Tübingen (1933), S. 8 ff.

Lehre vom iustum pretium[5] führte zum Erlaß von Preis- und Lohntaxen für alle wesentlichen Waren und Dienstleistungen.

Das uneingeschränkte Zinsverbot war von Anfang an undurchführbar. Der ständige Geldbedarf der Fürsten sowie der Aufschwung des Handels vom 12./13. Jahrhundert an zwangen zu Ausnahmeerlassen (z. B. für Juden) und Umgehungsgeschäften (z. B. Rentenkauf), die den Grundsatz des Zinsverbotes aushöhlten. Durch die Reichspolizeiverordnung von 1577 sowie durch den Reichsabschied von 1654 wurde das Zinsverbot für ganz Deutschland aufgehoben.

c) An die Stelle des Verbots trat nun eine Beschränkung der Zinsen, zumeist 5—6 %[6]. Nach dem allgemeinen Preußischen Landrecht von 1794 durften Nichtkaufleute 4 %, Kaufleute 6 % und Juden 8 % Zinsen nehmen. Mit der beginnenden Industrialisierung erwies sich die Zinsbegrenzung als zu starr, um den wachsenden Kreditbedarf der Wirtschaft zu befriedigen. Der daraufhin einsetzende Kampf gegen Zinsmaxima beschränkte sich aber nicht auf den Produktivkredit. Man sah in allen staatlichen Preis- und Zinsbegrenzungen eine polizeistaatliche „Bevormundung" des Bürgers, die es zu beseitigen galt. Das ökonomische Prinzip von Angebot und Nachfrage wurde zum Dogma erhoben, dessen uneingeschränkte Durchsetzung auch dem Wohl der Allgemeinheit diente[7]. Mit dem Gesetz des Norddeutschen Bundes vom 14. 11. 1867[8] fielen alle Zinsbeschränkungen.

Gleichzeitig mit der Aufhebung des Zinsverbotes führte der Gesetzgeber zum Schutz des Kreditnehmers ein unabdingbares Kündigungsrecht des Schuldners für Darlehensverträge mit mehr als 6 % Jahreszinsen ein[9], den Vorläufer des jetzigen § 247 BGB.

§ 72 der Gewerbeordnung vom 21. 6. 1869[10] schaffte mit wenigen Ausnahmen die polizeilichen Taxen für Handel und Gewerbe ab.

---

[5] zum iustum pretium ausführlich Kaulla, ZfdgStw. 60 (1904), 579 ff.

[6] zum Wucherrecht in der Neuzeit vgl. Isopescul-Grecul S. 128 ff.; v. Lilienthal, JNS NF 1 (1880), 140 ff.

[7] vgl. Bentham, Defense uf Usury (1787), in Stark, Benthams economic writings I 1 S. 129 ff. Bentham meint, der Arme, den man nicht gleichzeitig für unerfahren halten dürfe, wisse am besten, bis zu welchem Zinssatz der Kredit noch für ihn nützlich sei (S. 138 f.), und wirft die Frage auf, welchen Nachteil der Staat erleidet, wenn das Geld „aus der Tasche des Verschwenders in die des sparsamen Kaufmanns fließt". (S. 137).

[8] BGBl. (Norddeutscher Bund) 1867, 159 f.

[9] § 2 des Bundesgesetzes von 1867, a. a. O.

[10] BGBl. (Norddeutscher Bund) 1869, 245, 263.

2. Die sozialen Folgen der Zinsfreigabe und die Reaktion des Gesetzgebers bis 1896

Die Folgen des Verzichts auf jegliche Wucherbekämpfung waren verheerend.

Allein in Berlin existieren 1874 1000 private Pfandleihgeschäfte, die zu 80 % liehen, und Rückkaufgeschäfte, die Gegenstände unter dem Vorbehalt des Rückkaufs mit einem Nutzen von 60—96 % ankauften[1]. Aber auch Zinssätze von über 1000 % (!) kamen vor und wurden teilweise sogar noch mit Erfolg gerichtlich eingetrieben[2]. Besonders schwerwiegend waren die Auswirkungen auf dem Lande[3]. Durch rücksichtslose Ausbeutung brachten Wucherer viele Bauern in ihre Abhängigkeit und führten in manchen Landstrichen ein wahres Schreckensregiment[4].

Die offensichtlichen Mißstände geboten ein Eingreifen des Gesetzgebers.

Zur Diskussion stand zum einen die Wiedereinführung allgemeiner Zinsbeschränkungen[5], zum anderen der Vorschlag, Ausbeutung nur bei einer im Einzelfall festzustellenden besonderen Unterlegenheit eines Vertragspartners zu ahnden[6]. In dem Bestreben, den Rechtsverkehr von staatlichen Eingriffen möglichst freizuhalten, entschied sich die vom Reichstag eingesetzte Kommission für den zweiten Antrag[7]. Aus den gleichen Gründen verzichtete sie darauf, auch den Sachwucher zu verbieten.

Nach eingehenden Beratungen verabschiedete der Reichstag das Wuchergesetz vom 24. 5. 1880[8], das zur Bekämpfung des Kreditwuchers die §§ 302 a—d in das Strafgesetzbuch einfügte. Danach wurde bestraft, „wer unter Ausbeutung der Notlage, des Leichtsinns oder der Unerfahrenheit eines anderen für ein Darlehen oder im Falle der Stundung einer Geldforderung sich oder einem Dritten Vermögensvorteile versprechen oder gewähren läßt, welche den üblichen Zinsfuß dergestalt überschreiten, daß nach den Umständen des Falles die Vermögensvorteile in auffälligem Mißverhältnis zu der Leistung stehen".

Die Novelle regelte auch die zivilrechtlichen Folgen des Kreditwuchers. Art. 3 des Gesetzes erklärte den Vertrag für nichtig. Nach Ansicht des Gesetzgebers war mit den früheren Zinstaxen auch die Mög-

---

[1] Caro S. 37.

[2] v. Lilienthal, JNS NF 1 (1880), 370 f.

[3] siehe die Beispiele in: Der Wucher auf dem Lande, Schriften des Vereins für Socialpolitik, 35. Bd. (1887); v. Lilienthal, ZStW 8 (1888), 162 ff.

[4] vgl. die ausführliche Untersuchung von Caro S. 176 ff. über den Wucher in Galizien nach der Zinsfreigabe von 1868 in Österreich.

[5] Antrag Reichensperger, Reichstagsverhandlungen, 4. Legislaturperiode, III. Zession 1880, Aktenstück Nr. 58 Anl. A, 1. Antrag (S. 378 f.).

[6] Antrag v. Kleist-Retzow, Reichstagsverhandlungen, Anl. A, 2. Antrag (S. 379).

[7] Bericht der Reichstagskommission, Reichstagsverhandlungen, S. 383.

[8] RGBl. S. 109; vgl. zur Entstehungsgeschichte Isopescul-Grecul S. 194 ff.

II. Geschichte des Wucherverbots

lichkeit entfallen, Geschäfte teilweise aufrechtzuerhalten; der neue Begriff des Wuchers lasse nur eine kraft Gesetzes eintretende Ungültigkeit des gesamten Vertrages zu[9].

Das Wuchergesetz von 1880 zeigte nicht die erhoffte Wirkung. Nach einigen Anfangserfolgen ging die Zahl der strafrechtlichen Verurteilungen drastisch zurück, ohne daß die Mißstände beseitigt waren[10]. Das Gesetz von 1880 bot selbst dem Kreditwucherer eine Fülle von Umgehungsmöglichkeiten und ließ andere Formen des Wuchers völlig unberührt.

Das „Gesetz betreffend Ergänzung der Bestimmungen über den Wucher" vom 19. 6. 1893[11] erweiterte den Anwendungsbereich des § 302 a StGB auf alle Kreditgeschäfte und stellte in § 302 e StGB auch alle anderen Formen wucherischer Ausbeutung unter Strafe, allerdings nur, soweit sie gewerbs- oder gewohnheitsmäßig begangen wurden.

Neben dem Wucherverbot versuchte der Gesetzgeber die gewerbsmäßige Ausbeutung durch gewerbspolizeiliche Maßnahmen zu verhindern. So wurden das Pfandleih- und Pfandleihvermittlungsgeschäft erlaubnispflichtig[12]. Seit 1893 konnte u. a. auch dem Darlehensvermittler das Gewerbe wegen Unzuverlässigkeit entzogen werden[13]. Bereits zehn Jahre vorher verbot der Gesetzgeber die Vermittlung von Darlehensgeschäften im Reisegewerbe ohne vorgängige Bestellung[14]. Den Schutz vor Ausbeutung, allerdings erst im Falle des Verzuges, bezweckte auch das „Gesetz betreffend die Abzahlungsgeschäfte" vom 16. 5. 1894[15].

1896 erweiterte § 138 Abs. 2 des Bürgerlichen Gesetzbuches das Wucherverbot auf alle zweiseitigen Rechtsgeschäfte. Nachdem in den Motiven und Protokollen das Wucherverbot nicht erwähnt worden war, setzte sich die Reichstagskommission für die Einführung des § 138 Abs. 2 ein, um klarzustellen, daß auch wucherische Geschäfte, die nicht strafrechtlich verfolgt werden, sittenwidrig und damit nichtig sind[16].

---

[9] Amtliche Begründung, Reichstagsverhandlungen S. 375, 376.
[10] v. Lilienthal, ZStW 8 (1888), 157 ff.; 1882 wurden 176 Personen angeklagt und 98 verurteilt, 1890 sank die Zahl der Anklagen auf 64, die der Verurteilungen auf 22, Kriminalstatistik 1882, 138; 1890, 156.
[11] RGBl. S. 197 ff.; zur Entstehungsgeschichte Isopescul-Grecul S. 206 ff.
[12] Gesetz betr. Änderung der Gewerbeordnung v. 23. 7. 1879, RGBl. S. 267, 268.
[13] Art. III des Gesetz betr. Ergänzung der Bestimmungen über den Wucher v. 19. 6. 1893, RGBl. S. 197, 199.
[14] Art. II § 56 a Ziff. 2 des Gesetz betr. Abänderung der Gewerbeordnung v. 1. 7. 1883, RGBl. S. 159, 167; heute § 56 Abs. 1 Nr. 6 GewO.
[15] RGBl. S. 450; vgl. zur Entstehungsgeschichte Crisolli (4. Aufl.) S. 9 ff.; v. Hippel, Verbraucherschutz S. 114 f.
[16] Mugdan I S. 970.

3. Die Auslegung des Wucherverbots durch das Reichsgericht

Mit dem auf die individuelle Ausbeutung abstellenden Wuchertatbestand hatte der Gesetzgeber eine Waffe geschaffen, deren Wirksamkeit wesentlich von der Auslegung unbestimmter Rechtsbegriffe durch die Gerichte abhing. Die Feststellung des Wuchers setzte im einzelnen voraus:

— ein anhand der Umstände des Einzelfalles zu ermittelndes auffälliges Mißverhältnis von Leistung und Gegenleistung (a),

— die Feststellung der Notlage, des Leichtsinns oder der Unerfahrenheit auf seiten des Bewucherten (b) und

— den Nachweis einer Ausbeutung dieser Lage durch den Wucherer (c).

a) Die Bestimmung des auffälligen Mißverhältnisses erfordert eine Bewertung der sich gegenüberstehenden Leistungen. Das Reichsgericht ging vom objektiven Wert, d. h. davon aus, was im redlichen Geschäftsverkehr für diese Leistung üblicherweise gezahlt wurde[1]. Sodann berücksichtigte es individuelle Momente, beispielsweise ein besonderes Risiko des Kreditgläubigers, die ein Überschreiten des üblichen Preises rechtfertigen könnten[2]. Ob der Schuldner aus dem Vertrag besondere Vorteile ziehen konnte oder zu ziehen beabsichtigte, war grundsätzlich unerheblich[3]. Lediglich bei Spekulationsgeschäften wurden die zukünftigen Gewinnaussichten und sonstige Vorteile für die Bewertung der Leistung mit herangezogen[4].

Das Problem der Ermittlung des üblichen Entgelts lag in der Wahl der vergleichbaren Geschäfte. Während die Rechtsprechung die Bewertung von Grundstücken und Grundstücksrechten Sachverständigen übertrug, verwendete sie bei der Prüfung der Kreditzinsen die von der Reichstagskommission gebrauchte Definition, üblich sei derjenige Zinsfuß, der „nach den Orts- und Zeitverhältnissen, wozu auch die allgemeinen Kreditverhältnisse gehören, sowie nach der objektiven Natur und dem Zweck des Geschäfts sich als der gewöhnliche darstellt"[5].

---

[1] RG, Urt. v. 20. 12. 1901, Gruchots Beitr. 46, 897, 899; Urt. v. 19. 4. 1904, SeuffA 60 Nr. 116; Urt. v. 18. 4. 1905, JW 1905, 366; Urt. v. 25. 2. 1909, JW 1909, 215; Urt. v. 20. 5. 1916, Warneyer 1916, Nr. 195 (S. 309, 310); Urt. v. 8. 3. 1938, DStR 1939, 53; OLG Hamburg, Urt. v. 10. 6. 1910, OLGZ 24, 264; OLG Braunschweig, Urt. v. 9. 11. 1909, SeuffA 65, Nr. 89.

[2] RG, Urt. v. 20. 12. 1901, Gruchots Beitr. 46, 897, 899; Urt. v. 18. 4. 1905, JW 1905, 366; Urt. v. 15. 2. 1909, JW 1909, 215; Urt. v. 28. 1. 1913, JW 1913, 424, 425.

[3] RG, Urt. v. 5. 1. 1885, RGSt 11, 388, 389; Urt. v. 25. 2. 1890, RGSt 20, 279, 284; Urt. v. 3. 7. 1906, RGSt 39, 126, 129.

[4] RG, Urt. v. 26. 5. 1900, RGZ 46, 112, 118; Urt. v. 25. 2. 1909, JW 1909, 215; Urt. v. 16. 10. 1925, SeuffA 80, Nr. 2 (S. 4,6).

[5] Reichstagskommission, Reichstagsverhandlungen, 4. Legislaturperiode III. Session 1880, Aktenstück Nr. 58, S. 387; RG, Urt. v. 17. 5. 1892, RGSt 23, 121, 122; Urt. v. 4. 5. 1926, RGSt 60, 216, 218.

Das Reichsgericht hielt am 5. 1. 1881 36 % Zinsen für einen Kredit auf sechs Monate für auffällig überhöht[6], erklärte am 10. 1. 1881 eine Zinsforderung von 6,— DM für ein 14tägiges Darlehen von 60,— RM (= 210 % p. a.) für angemessen[7] und bestätigte am 13. 7. 1881, daß Zinsen von 60—96 % für Kleinkredite auffällig überhöht seien[8]. Es ist bemerkenswert, daß Entscheidungen, die sich mit niedrigeren Zinssätzen beschäftigen, fast völlig fehlen[9].

War schon die Bewertung der Leistung mit erheblicher Unsicherheit verbunden, so fehlten Kriterien, ab wann ein Mißverständnis auffällig wird, völlig. Das Reichsgericht verwies auf die Umstände des Einzelfalles und erklärte die Feststellung der Auffälligkeit zur Tatfrage[10]. Die Tatrichter nahmen ein auffälliges Mißverhältnis im allgemeinen nur an, wenn wenigstens das Doppelte des angemessenen Entgelts gezahlt wurde.

b) Das Wucherverbot fordert neben dem auffälligen Mißverhältnis eine Notlage, Leichtsinn oder Unerfahrenheit des Vertragspartners. Wegen der Unbestimmtheit dieser Rechtsbegriffe maß ein Teil der Literatur ihnen nur erklärende Bedeutung bei: Das Zustandekommen eines Vertrages mit erheblich differerierenden Pflichten sei überhaupt nur denkbar, wenn sich ein Vertragspartner in Not befinde oder unerfahren bzw. leichtsinnig sei[11]. Demgegenüber schränkte die Rechtsprechung durch eine restriktive Auslegung der Ausbeutungsmerkmale den Anwendungsbereich des Wuchertatbestandes stark ein.

(1) Die *Notlage* sollte die Situation des Schuldners bezeichnen, durch welche er genötigt werde, die übermäßigen Vorteile zu bewilligen[12]. Das Reichsgericht beschränkte diesen Begriff auf die Fälle augenblicklicher, dringender, die wirtschaftliche Existenz bedrohende Not[13]. Damit waren alle Geschäfte, die nicht die Abwendung eines drohenden Übels, son-

---

[6] RGSt 3, 176, 177.
[7] RGSt 3, 218, 220.
[8] RGSt 4, 390, 392.
[9] Ausnahme: RG, Urt. v. 28. 9. 1934, JW 1935, 530, das bei durchschnittlichen Zinsen von 23, 32, 35, 42, 48 und 180 % zur näheren Aufschlüsselung des Mißverhältnisses zurückverwies.
[10] RG, Urt. v. 13. 7. 1881, RGSt 4, 390, 392; Urt. v. 29. 10. 1940, RGSt 74, 345, 349; Urt. v. 23. 1. 1940, HRR 1940 Nr. 835.
[11] Isopescul-Grecul S. 16 f., 288; Caro S. 143 f.
[12] Bericht der Reichstagskommission, Reichstagsverhandlungen 4. Legislaturperiode III. Session 1880, Aktenstück Nr. 58, S. 388.
[13] RG, Urt. v. 13. 7. 1881, RGSt 4, 390, 392; Urt. v. 20. 9. 1881, RGSt 5, 8, 15; Urt. v. 28. 5. 1894. JW 1894, 393; Urt. v. 27. 3. 1896, RGSt 28, 288, 290; Urt. v. 30. 11. 1904, JW 1904, 75; Urt. v. 14. 2. 1908, Recht 1908, Nr. 1133; Urt. v. 29. 5. 1908, JW 1908, 587; Urt. v. 1. 5. 1911, JW 1911, 576; Urt. v. 6. 3. 1915, JW 1915, 574; Urt. v. 20. 6. 1919, RGSt 53, 285 f.; Urt. v. 21. 10. 1924, RGSt 58, 321, 330; Urt. v. 8. 4. 1930, HRR 1930, Nr. 1563; Urt. v. 14. 10. 1931, RAG 9, 236, 243; Urt. v. 15. 11. 1937, DJ 1938, 44; Urt. v. 26. 2. 1940, HHR 1940, Nr. 713; Urt. v. 26. 6. 1942, RGSt 76, 193.

3. Die Auslegung des Wucherverbots durch das Reichsgericht

dern eine Verbesserung der wirtschaftlichen Lage bezweckten, vom Wucherschutz ausgeschlossen[14].

Wie schon bei der Abfassung der Gesetze, wird das Bestreben deutlich, Eingriffe in das Wirtschaftsleben zu vermeiden. Die Aufnahme von Geldern zu produktiven Zwecken konnte überhaupt nur dann auf einer Notlage beruhen, wenn es um die Erhaltung eines bestehenden, nunmehr gefährdeten Unternehmens ging, das entweder die Grundlage der wirtschaftlichen Existenz seines Inhabers bildete[15], oder eigene Rechtspersönlichkeit besaß[16]. Der Ausschluß des Wucherschutzes für alle auf eine Verbesserung der wirtschaftlichen Lage zielenden Rechtsgeschäfte traf aber nicht nur den Spekulanten, sondern auch den „kleinen Mann", dem die Mittel zu einer Berufsausbildung fehlten oder der eine von ihm gemachte Erfindung patentieren und verwerten wollte[17].

Unberücksichtigt blieben alle Zwangslagen, die nicht die Existenz gefährdeten[18].

Die Rechtsprechung forderte zwar keine völlige Vermögenslosigkeit; Voraussetzung war aber, daß zur Befriedigung der Lebensbedürfnisse oder zur Abwendung drohender Zwangsvollstreckung in den zur Lebenshaltung nötigen Besitz Mittel benötigt wurden, Erwerbsquellen aber nicht oder nicht ausreichend bestanden und auch keine Vermögensrücklagen vorhanden waren, die zu verwerten ohne Verlust möglich und zumutbar war[19]. Verfügte der Schuldner über Vermögen, so mußte er darlegen, was er unternommen hatte, um ein Darlehen von anderer Seite zu erhalten[20].

Der Begriff der „Existenzgefährdung" wandelte sich mit dem allmählichen Steigen des allgemeinen Wohlstandes. Hatte das Reichsgericht zunächst Fälle zu entscheiden, in denen es um die „nackte Existenz" der Betroffenen ging[21], so stellte es später vor allem auf die bisherige Lebensstellung und Lebensführung des Schuldners ab, soweit sie der wirtschaftlichen Lage angemessen Rechnung trug[22].

---

[14] RG, Urt. v. 8. 5. 1906, SeuffA 61, Nr. 240; Urt. v. 6. 11. 1918, Warneyer 1919, Nr. 92; OLG Hamburg, Urt. v. 23. 11. 1897, SeuffA 53, Nr. 146; BayrObLG, Urt. v. 3. 11. 1905, SeuffA 61, Nr. 73.

[15] RG, Urt. v. 13. 7. 1881, RGSt 4, 390, 392; Urt. v. 21. 10. 1924, RGSt 58, 321, 330.

[16] RG, Urt. v. 6. 5. 1918, RGZ 93, 27 f; Urt. v. 16. 4. 1920, RGZ 98, 323, 324; Urt. v. 16. 10. 1925, SeuffA 80, Nr. 2 (S. 2, 4).

[17] RG, Urt. v. 8. 5. 1906, SeuffA 61, Nr. 240; Urt. v. 1. 11. 1913, Recht 1913, Nr. 3316; Urt. v. 6. 11. 1918, Warneyer 1918, Nr. 92, das die Vereinbarung von 375 % und 2400 % (!) Zinsen für kurzfristige Kredite zur Verwertung einer Erfindung für rechtsverbindlich erklärte.

[18] RG, Urt. v. 11. 2. 1890, JW 1890, 105; Urt. v. 26. 6. 1942, RGSt 76, 193.

[19] RG, Urt. v. 15. 9. 1937, RGSt 71, 325, 326; Urt. v. 20. 9. 1881, RGSt 5, 9, 15; Urt. v. 30. 11. 1904, JW 1905, 75; Urt. v. 7. 1. 1908, JW 1908, 142, 143 f; Urt. v. 29. 5. 1908, JW 1908, 587 f.; Urt. v. 1. 5. 1911, JW 1911, 576; Urt. v. 30. 4. 1914, SeuffA 69, Nr. 232; Urt. v. 15. 11. 1937, DJ 1938, 44.

[20] RG, Urt. v. 30. 4. 1914, SeuffA 69, Nr. 232 (S. 435, 436 f.); Urt. v. 11. 7. 1928, HRR 1928, Nr. 2080.

[21] vgl. RG, Urt. v. 18. 6. 1885, RGSt 12, 303 f.; Urt. v. 28. 5. 1894, JW 1894, 393; Urt. v. 24. 1. 1896, RGSt 28, 135; Urt. v. 20. 6. 1915, RGSt 53, 285 f.

[22] RG, Urt. v. 25. 11. 1921, Recht 1922, Nr. 400; Urt. v. 15. 11. 1937, DJ 1938, 44, 45; RAG, Urt. v. 14. 10. 1931, RAG 9, 236, 244.

Neben der Beschränkung auf Fälle wirtschaftlicher Existenzbedrohung[23] forderte die Rechtsprechung, daß die Notlage objektiv, also nicht nur in der Vorstellung des Bedrängten, vorhanden sei[24].

Bei der Bestimmung der Notlage ließ sie zwar solche Vermögenswerte außer acht, von deren Vorhandensein der Schuldner nichts wußte[25], bürdete dem Betroffenen aber eine Darlegungspflicht darüber auf, daß es ihm trotz aller Bemühungen nicht möglich gewesen war, sein Bedürfnis auf andere Weise zu befriedigen[26]. Besonders der Ausschluß des Wucherschutzes bei der Ausbeutung eingebildeter Not ist im Schrifttum immer wieder kritisiert worden[27]. In einigen Fällen schloß das Reichsgericht aber von der Unkenntnis günstigerer Geldbeschaffungsmöglichkeiten auf die Unerfahrenheit des Schuldners[28].

(2) Neben der Notlage war auch das Merkmal der *Unerfahrenheit* von praktischer Bedeutung. Mit diesem Begriff sollten insbesondere solche Schuldner geschützt werden, die nur eine geringe Bildung besitzen und infolgedessen namentlich bei scheinbar geringen Zinssätzen für kurze Zeitfristen die Übermäßigkeit des Zinses nicht erkennen[29]. Das Reichsgericht verstand unter Unerfahrenheit eine Eigenschaft, die auf einem Mangel an Geschäftskenntnis und Lebenserfahrung im allgemeinen oder auf beschränkten Gebieten beruht[30]. Mangelnde Kenntnis bei der Beurteilung über Bedeutung und Tragweite eines bestimmten Geschäfts reichten nicht aus[31]. Wenn das Reichsgericht auch betonte, Geschäftsgewandtheit im allgemeinen schließe Unerfahrenheit auf einem be-

---

[23] Die Ausnutzung seelischer Not, z. B. das Bestreben, peinliche, aber nicht wirtschaftlich bedrohliche Schulden abzuzahlen, war bei der rein wirtschaftlichen Betrachtungsweise des Reichsgerichts kein Wucher, RG, Urt. v. 15. 11. 1937, DJ 1938, 44 f.; vgl. auch RG, Urt. v. 28. 5. 1894, JW 1894, 393.
[24] RG, Urt. v. 16. 8. 1885, RGSt 12, 303 f.; Urt. v. 27. 3. 1896, RGSt 28, 288, 290; Urt. v. 18. 2. 1902, Recht 1902, Nr. 930; Urt. v. 19. 2. 1903, Recht 1903, Nr. 909; Urt. v. 29. 5. 1908, JW 1908, 587; Urt. v. 8. 4. 1930, HRR 1930, Nr. 1563; Urt. v. 8. 12. 1930, LZ 1931, 502, 503; anders RG, Urt. v. 12. 2. 1884, JW 1884, 107.
[25] RG, Urt. v. 18. 6. 1885, RGSt 12, 303, 304.
[26] RG, Urt. v. 30. 4. 1914, SeuffA 69, Nr. 232; Urt. v. 11. 7. 1928, HRR 1928, Nr. 2080.
[27] Isopescul-Grecul S. 292 ff. m. w. N.; Schönke/Schröder § 302 a StGB, Rdz. 24; Schäfer, LK § 302 a StGB, Rdz. 25.
[28] RG, Urt. v. 2. 11. 1881, RG-Rechtspr (Strs.) 3, 680, 682; Urt. v. 26. 4. 1894, RGSt 25, 315, 319; Urt. v. 8. 12. 1930, LZ 1931, 502, 504
[29] Bericht der Reichstagskommission, Reichstagsverhandlungen, 4. Legislaturperiode III. Session 1880, Aktenstück Nr. 58, S. 388.
[30] RG, Urt. v. 10. 6. 1904, RGSt 37, 205, 206 f.; vgl. RG, Urt. v. 5. 1. 1881, RGSt 3, 176, 177; Urt. v. 3. 1. 1914, Warneyer 1914, Nr. 111; Urt. v. 15. 4. 1916, Warneyer 1916, Nr. 128 (S. 204, 205); Urt. v. 19. 4. 1918, Warneyer 1918, Nr. 157 (S. 237, 238); Urt. v. 9. 6. 1926, LZ 1926, 819, 820; Urt. v. 3. 12. 1926, LZ 1926, 606, 607; Urt. v. 10. 11. 1931, HHR 1931, Nr. 196; Urt. v. 8. 12. 1930, LZ 1930, 502, 503; RAG, Urt. v. 15. 1. 1930, JW 1930, 3009, 3010; OLG Königsberg, Urt. v. 14. 12. 1907, HRR 1908, Nr. 1131.
[31] RG, Urt. v. 10. 6. 1904, RGSt 37, 205, 207; Urt. v. 19. 4. 1918, Warneyer 1918, Nr. 157 (S. 237, 238).

3. Die Auslegung des Wucherverbots durch das Reichsgericht

stimmten Zweige — etwa beim Grundstückskauf in einer Großstadt — nicht aus[32], nahm er Wucher letztlich doch nur an, wenn der Schuldner nach Vorbildung und Vorleben gänzlich ungewandt wirkte[33]. Wer schon früher ein ähnliches Geschäft abgeschlossen hatte, durfte auf den Schutz des Gesetzes nicht mehr hoffen[34].

(3) Besonderen Wert legte die Reichstagskommission auf das Merkmal des *Leichtsinns*. Gerade in diesem Bereich kämen die größten Mißbräuche und die erheblichsten Schädigungen der wirtschaftlichen Existenz einzelner und ganzer Familien vor[35]. In der gerichtlichen Praxis kam die Ausbeutung Leichtsinniger verhältnismäßig selten vor. Nach der Definition der Rechtsprechung war leichtsinnig, wer den Folgen seiner Handlung aus Sorglosigkeit oder aus Mangel an genügender Überlegung die ihm zukommende Bedeutung nicht beilegt[36].

Die Entscheidungen zu diesem Begriff sind recht uneinheitlich. Einerseits stellte das Reichsgericht nur auf den Leichtsinn bei Vornahme des speziellen Rechtsgeschäfts ab[37], betonte aber andererseits, die bloße Tatsache, daß ein Geschäft äußerst nachteilig und dies bei ruhiger Überlegung auch erkennbar war, reiche für die Annahme eines leichtsinnigen Verhaltens nicht aus[38]. In einigen Fällen zog das Reichsgericht den Begriff des Leichtsinns heran, um Schutz in einer wirtschaftlichen Bedrängnis zu gewähren, die nach der einschränkenden Definition der Rechtsprechung keine Notlage war[39]. Im übrigen hatte eine auf Leichtsinn gestützte Klage nur Aussicht auf Erfolg, wenn der

---

[32] RG, Urt. v. 9. 4. 1913, Recht 1913, Nr. 1564.

[33] vgl. RG, Urt. v. 5. 1. 1881, RGSt 3, 176, 177; Urt. v. 26. 4. 1894, RGSt 25, 315, 319; Urt. v. 7. 1. 1905, RGZ 60, 9, 10; Urt. v. 9. 1. 1915, Recht 1915, 2413; Urt. v. 4. 5. 1926, RGSt 60, 216, 222; Urt. v. 9. 6. 1926, LZ 1926, 819, 820. Auch den stattgebenden Entscheidungen RG, Urt. v. 3. 1. 1914, Warneyer 1914, Nr. 111 (Unerfahrenheit in landwirtschaftlichen Dingen) und RG, Urt. v. 3. 11. 1916, LZ 1916, 342 (Unerfahrenheit im Verkehr mit Militärbehörden) ist eine Geschäftsgewandtheit des Schuldners auf anderen Gebieten nicht zu entnehmen. Anders nur RG, Urt. v. 15. 1. 1930, LZ 1930, 652, 653 und RG, Urt. v. 8. 12. 1930, LZ 1931, 502, 503 f.

[34] vgl. RG, Urt. v. 10. 6. 1904, RGSt 37, 205, 207; Urt. v. 9. 4. 1913, Recht 1913, Nr. 1564, OLG Braunschweig, Urt. v. 5. 11. 1909, SeuffA 65 Nr. 89 (S. 179, 180); siehe auch RG, Urt. v. 15. 4. 1916, Warneyer 1916, Nr. 128; Urt. v. 19. 4. 1918, Warneyer 1918, Nr. 157.

[35] Reichstagsverhandlungen, 4. Legislaturperiode III. Session 1880, Aktenstück Nr. 58, S. 388.

[36] RG, Urt. v. 7. 1. 1887, GoltdA 35, 52, 54; Urt. v. 28. 5. 1894, JW 1894, 393; Urt. v. 11. 2. 1895, RGSt 27, 18; Urt. v. 18. 4. 1905, JW 1905, 366; Urt. v. 22. 2. 1908, Warneyer 1908, Nr. 279; Urt. v. 11. 7. 1908, SeuffA 64 Nr. 2 (S. 3, 4 f.); Urt. v. 15. 4. 1916, Warneyer 1916, Nr. 128; Urt. v. 20. 5. 1916, Warneyer 1916, Nr. 195 (S. 309, 310); Urt. v. 4. 5. 1926, RGSt 60, 216, 223; OLG Braunschweig, Urt. v. 5. 11. 1909, SeuffA 65, Nr. 89 (S. 179, 180); OLG München, Urt. v. 4. 4. 1914, SeuffA 69, Nr. 231; OLG Kassel, Urt. v. 26. 1. 1905, OLGZ 12, 16, 17.

[37] RG, Urt. v. 11. 2. 1895, RGSt 27, 18; Urt. v. 15. 4. 1916, Warneyer 1916, Nr. 128.

[38] RG, Urt. v. 20. 5. 1916, Warneyer 1916, Nr. 195 (S. 309, 311).

[39] vgl. RG, Urt. v. 11. 2. 1895, RGSt 27, 18; Urt. v. 4. 5. 1926, RGSt 60, 216; OLG Braunschweig, Urt. v. 5. 11. 1909, SeuffA 69, Nr. 89.

Schuldner wegen Verschwendung inzwischen entmündigt worden[40] oder in Gelddingen so sorglos war, daß er sogar die Unterhaltspflichten gegenüber seiner Familie vernachlässigte[41].

c) Auch wenn ein auffälliges Mißverhältnis zwischen Leistung und Gegenleistung bestand und der Schuldner in Not, unerfahren oder leichtsinnig war, fand der Wuchertatbestand nur Anwendung, falls der Wucherer sein Opfer ausgebeutet hatte. Die Rechtsprechung forderte hierfür zwar kein „aggressives Vorgehen" oder die Absicht der Ausnutzung, setzte aber voraus, daß dem Wucherer die Lage seines Opfers sowie das auffällige Mißverhältnis der vertraglichen Leistungen zueinander bewußt war und er diese Kenntnis ausnutzte, um übermäßige Vermögensvorteile zu erlangen[42]. Bedingter Vorsatz genügte, doch reichte die allgemeine Vorstellung, daß „hin und wieder auch mal Leute durch Not verleitet werden könnten, auf seine Bedingungen einzugehen", nicht aus[43]. Die verhältnismäßig hohe Zahl höchstrichterlicher Entscheidungen, in denen eine Verurteilung letztlich am Nachweis des Vorsatzes scheiterte[44], macht deutlich, daß in diesem Merkmal ein Hauptproblem effektiver Wucherbekämpfung liegt.

4. Der Sozialwucher der Kriegs- und Nachkriegszeit

Zu völlig neuen Formen der Bekämpfung überhöhter Preise zwang der Ausbruch des 1. Weltkrieges[1]. Die Isolation vom Welthandel und die verringerte Zahl von Arbeitskräften bei einer durch Rüstungsbedarf und Hamsterkäufe gestiegenen Nachfrage führten zu Engpässen in der Versorgung der Bevölkerung und ließen Preise und Gewinne hochschnellen. Bereits am 4. 8. 1914 erging das „Gesetz betreffend Höchstpreise"[2], das die Landeszentralbehörden ermächtigte, für Gegenstände

---

[40] RG, Urt. v. 18. 4. 1905, JW 1905, 366.

[41] RG, Urt. v. 22. 2. 1908, Warneyer 1908, Nr. 279; Urt. v. 11. 7. 1908, SeuffA 64, Nr. 2; vgl. die Definition des KG, Urt. v. 9. 11. 1905, DJZ 1905, 205.

[42] RG, Urt. v. 10. 1. 1881, RGSt 3, 218, 219; Urt. v. 25. 2. 1887, RGSt 15, 333, 334; Urt. v. 28. 1. 1889, RGSt 18, 419, 420; Urt. v. 27. 3. 1896, RGSt 28, 288, 290; Urt. v. 29. 9. 1896, RGSt 29, 78, 82; Urt. v. 7. 1. 1905, RGZ 60, 9, 11; Urt. v. 18. 4. 1905, JW 1905, 366, 367; Urt. v. 28. 1. 1907, JW 1907, 167; Urt. v. 22. 1. 1913, JW 1913, 484; Urt. v. 4. 5. 1915, RGZ 86, 296, 300; Urt. v. 1. 5. 1911, JW 1911, 576; Urt. v. 20. 6. 1919, RGSt 53, 285, 286; Urt. v. 10. 3. 1932, LZ 1932, 748; Urt. v. 19. 2. 1934, JW 1934, 1124; Urt. v. 8. 9. 1938, DStR 1939, 53, 55; RAG, Urt. v. 14. 10. 1931, RAG 9, 236, 244; Urt. v. 11. 11. 1936, RAG 17. 289, 295.

[43] RG, Urt. v. 8. 9. 1938, DStR 1939, 53, 55.

[44] vgl. RG, Urt. v. 25. 2. 1887, RGSt 15, 333; Urt. v. 29. 9. 1896, RGSt 29, 78; Urt. v. 4. 5. 1915, RGZ 86, 296, 300; Urt v. 22. 1. 1913, JW 1913, 483, 484 f.; Urt. v. 23. 12. 1908, SeuffA 64, Nr. 88; Urt. v. 11. 7. 1928, HRR 1928, Nr. 2259.

[1] Literatur zur Entstehung des Sozialwuchers: Mahnke, Diss. Freiburg (1932), S. 21 ff.; Lessing, Diss. Göttingen (1972), S. 10 ff.

[2] RGBl. S. 339.

4. Der Sozialwucher der Kriegs- und Nachkriegszeit

des täglichen Bedarfs Höchstpreise festzusetzen. Es zeigte sich aber bald, daß Höchstpreise immer nur einzelne Bereiche regeln konnten und daher Lücken blieben, die der auf eine individuelle Notlage zugeschnittene Wucherparagraph nicht ausfüllte[3]. Am 23. 7. 1915 erließ der Bundesrat die „Verordnung gegen übermäßige Preissteigerung"[4], die nach § 5 Zif. 1 unter Strafe stellte, wer „für Gegenstände des täglichen Bedarfs, ..., sowie für Gegenstände des Kriegsbedarfs Preise fordert, die unter Berücksichtigung der gesamten Verhältnisse, insbesondere der Marktlage, einen übermäßigen Gewinn enthalten...". Nachdem die Rechtsprechung auch den fahrlässigen Verstoß gegen Höchstpreisvorschriften bestraft hatte[5], erweiterte der Bundesrat den Anwendungsbereich der Preissteigerungsverordnung ebenfalls auf Fahrlässigkeit[6]. Die Bundesratsverordnung gegen Preistreiberei vom 8. 5. 1918[7] löste die bisherigen Vorschriften zur Bekämpfung des Kriegswuchers ab. Seine endgültige Form fand das Sozialwucherverbot in der Preistreibereiverordnung vom 13. 7. 1923[8]. Nach §§ 3, 4, 13 PrTrVO wurde bestraft, wer vorsätzlich oder fahrlässig für Gegenstände oder Leistungen des täglichen Bedarfs Preise forderte, die unter Berücksichtigung der gesamten Verhältnisse einen übermäßigen Gewinn enthielten.

Der Sozialwuchertatbestand ermöglichte eine effektive Bekämpfung überhöhter Preise. Im Gegensatz zum Individualwucher entfiel die Prüfung einer besonderen Not- oder Schwächelage sowie der praktisch schwierige Beweis der vorsätzlichen Ausbeutung. Zur Bestimmung des übermäßigen Gewinns zog das Reichsgericht nicht den Marktpreis heran, der selbst überhöht sein konnte[9], sondern nahm eine Preisanalyse vor: Von dem erzielten Preis zog es den Einkaufspreis und einen prozentualen Anteil an den allgemeinen und besonderen Unkosten, zu denen auch Kapitalzinsen, Risikoprämie und Unternehmerlohn gehörten, ab und verglich den so ermittelten Reingewinn mit dem ähnlicher Geschäfte in der Vorkriegszeit[10]. Eine Überschreitung des „gerechten

---

[3] vgl. RG, Urt. v. 9. 11. 1915, Warneyer 1916, Nr. 2; Urt. v. 11. 7. 1917, RGZ 90, 400; Urt. v. 7. 5. 1918, RGZ 93, 31; Urt. v. 4. 6. 1918, RGZ 93, 106, die die Ausbeutung der durch den Krieg geschaffenen Lage aber für sittenwidrig nach § 138 Abs. 1 BGB erklärten.
[4] RGBl. S. 467.
[5] RG, Urt. v. 30. 5. 1915, RGSt 49, 116, 118 ff.; Urt. v. 14. 6. 1915, JW 1915, 1443.
[6] Änderungsverordnung v. 23. 3. 1916, RGBl. S. 183.
[7] RGBl. S. 395.
[8] RGBl. S. 700 ff.
[9] RG, Urt. v. 10. 3. 1916, RGSt 49, 435, 436.
[10] RG, Urt. v. 2. 5. 1916, JW 1916, 1131 f.; Urt. v. 12. 5. 1916, JW 1916, 1132 f.; Urt. v. 27. 6. 1916, LZ 1916, 1096 f.; vgl. Alsberg S. 20; Kirchberger, strafbarer Kriegsgewinn (1917); Zeiler, der zulässige Verkaufspreis (1922); Rosenthal, übermäßiger Gewinn (1917).

Preises" machte nicht den ganzen Vertrag, sondern nur den das Angemessene übersteigenden Teil der Preisforderung nichtig[11].

Mit dem Abklingen der Währungskrise 1923/24 setzte sich eine liberalere Wirtschaftspolitik durch. Die Preistreibereiverordnung wurde daher durch das Gesetz vom 19. 7. 1926[12] aufgehoben. Weiterhin gültig blieb aber der mit dem Gesetz vom 29. 6. 1926[13] eingefügte § 49 a des Mieterschutzgesetzes, der das Fordern unangemessener Mietzinsen für Raummiete unter Strafe stellte.

5. Die Erweiterung des zivilrechtlichen Wucherschutzes durch das Reichsgericht

Nach der Aufhebung der Preistreibereiverordnung setzte das Reichsgericht seine Rechtsprechung zum Individualwucher zunächst unverändert fort. Lediglich bei der Bestimmung des auffälligen Mißverhältnisses ließ es neben dem Vergleich mit dem üblichen Entgelt auch die für den Sozialwucher entwickelte Gestehungskostenberechnung zu[1]. Dabei ging das Reichsgericht von der Kostenrechnung des Wucherers aus, soweit die einzelnen Posten nicht wirtschaftlich unvertretbar waren[2].

Da der Nachweis, daß neben dem auffälligen Mißverhältnis eine Notlage, Unerfahrenheit oder Leichtsinn des Schuldners gegeben war und der Gläubiger dies (bewußt) ausgebeutet hatte, in der Praxis nur sehr schwierig zu führen war, lag es nahe, zum Schutz des Ausgebeuteten auf § 138 Abs. 1 BGB zurückzugreifen und Sittenwidrigkeit bereits beim Vorliegen eines auffälligen Mißverhältnisses von Leistung und Gegenleistung anzunehmen.

Das Reichsgericht hielt anfangs § 138 Abs. 2 BGB für eine alle Fälle auffälliger Mißverhältnisse umfassende Spezialregelung[3], gab diese Auffassung aber bald auf. In ständiger Rechtsprechung betonte es, ein Geschäft könne wegen eines auffälligen Mißverhältnisses der vertraglichen Leistungen auch nach § 138 Abs. 1 BGB nichtig sein, allerdings nur, wenn „zu dem Mißverhältnis noch ein weiterer Umstand hinzukommt, der in Verbindung hiermit den Vertrag nach seiner sich aus der Zusammenfassung von Inhalt, Beweggrund und Zweck ergebenden Gesamtgestaltung — also aus der Zusammenfassung von objektiven und subjektiven Merkmalen — als sittenwidrig er-

---

[11] RG, Urt. v. 30. 3. 1920, RGZ 98, 293, 294, unter Hinweis auf RG, Urt. v. 4. 8. 1914, RGZ 88, 250, 252 und Urt. v. 5. 12. 1916, RGZ 89, 196, 197 f.; Urt. v. 23. 4. 1926, SeuffA 80, Nr. 145 (S. 257, 259); KG, Urt. v. 26. 2. 1925, JR 1925 II, Nr. 370; siehe unten, III 2 a), Text zu Fn. 42—44.

[12] RGBl. I S. 413.

[13] RGBl. I S. 317, 319.

[1] RG, Urt. v. 4. 5. 1926, RGSt 60, 216, 221; Urt. v. 28. 9. 1934, JW 1935, 530, 531; Urt. v. 29. 10. 1940, RGSt 74, 345, 346 f.

[2] RG, Urt. v. 29. 10. 1940, RGSt 74, 345, 348.

[3] RG, Urt. v. 13. 10. 1906, RGZ 64, 181, 182.

5. Die Erweiterung des Wucherschutzes durch das Reichsgericht

scheinen läßt"[4]. Voraussetzung für die Nichtigkeit nach § 138 Abs. 1 BGB war außerdem, daß der Gläubiger sich aller Tatumstände bewußt war, die sein Handeln sittenwidrig erscheinen lassen[5]. Ohne den Nachweis dieser Voraussetzungen müsse ein Schuldner auch drückende Bedingungen seines Gläubigers erfüllen[6].

In den 30er Jahren verstärkte sich die Kritik an einer Rechtsprechung, die beispielsweise Verpflichtungen zur Zahlung von über 100 % Zinsen bei hypothekarisch gesichertem Darlehen als rechtsverbindlich anerkannte[7]. Abweichend vom Reichsgericht erklärt das Hanseatische Oberlandesgericht 1934 Verträge allein aufgrund eines objektiven, durch nichts gerechtfertigten Mißverhältnisses nach § 138 Abs. 1 BGB für nichtig[8].

In seinem Beschluß vom 13. 3. 1936 bestätigte der Große Senat des Reichsgerichts für Zivilsachen zwar die bisherige Rechtsprechung, fügte aber hinzu, auf die verwerfliche Gesinnung könne unter Umständen aus dem Mißverhältnis geschlossen werden[9]. Gleichzeitig verzichtete der Senat auf die positive Kenntnis aller Tatumstände beim Wucher und erklärte das Geschäft bereits dann für nichtig, wenn ein Vertragspartner „sich böswillig oder in grobfahrlässiger Leichtfertigkeit der Erkenntnis verschließt, daß sich der andere nur aus den Nachteilen seiner Lage heraus auf ihn beschwerende Bedingungen einläßt"[10]. Dabei sei das Maß des Mißverhältnisses eine wichtige Erkenntnisquelle. Es könne so groß sein, „daß es den Schluß auf bewußte oder doch grobfahrlässige Ausnutzung irgendeines den Vertragspartner hemmenden Tatumstandes zwingend nahelegt"[11]. Damit oblag es dem Wucherer, darzulegen, aufgrund welcher besonderen Umstände trotz des auffälligen Mißverhältnisses eine Ausbeutung nicht vorlag[12].

Der Beschluß des Großen Senats hat im Schrifttum allgemeine Zustimmung gefunden[13]. Seitdem spielt in der Praxis § 138 Abs. 2 BGB gegenüber § 138 Abs. 1 BGB eine untergeordnete Rolle.

---

[4] RG, Urt. v. 26. 9. 1934, JW 1935, 278, 279; Urt. v. 7. 7. 1909, Warneyer 1909, Nr. 494; Urt. v. 22. 1. 1913, JW 1913, 483, 484; Urt. v. 24. 9. 1913, RGZ 83, 109, 112; Urt. v. 6. 5. 1918, RGZ 93, 27, 29; Urt. v. 6. 12. 1919, RGZ 97, 253, 254 f.; Urt. v. 14. 10. 1921, RGZ 103, 35, 37; Urt. v. 8. 6. 1934, HRR 1934, Nr. 1661.

[5] RG, Urt. v. 6. 12. 1919, RGZ 97, 253, 255 f.; Urt. v. 9. 2. 1928, RGZ 128, 120, 148; Urt. v. 3. 5. 1932, RGZ 136, 236, 240.

[6] RG, Urt. v. 6. 12. 1919, RGZ 97, 253, 255; Urt. v. 26. 9. 1934, JW 1935, 278, 279.

[7] Beispiele bei Liebnitz, DJ 1935, 843 f.; siehe auch Roth, JW 1933, 817 f.; Hülsmann, Diss. Köln (1938) S. 25 ff.; Henning, DR 1935, 261.

[8] Urt. v. 5. 9. 1934, Hans RuGZ 1934, 631 f.

[9] RGZ 150, 1, 2; vgl. dazu Stoll, AcP 142 (1936), 333 ff.

[10] RGZ 150, 1, 5

[11] RGZ 150, 1, 6.

[12] vgl. Stoll, AcP 142 (1936), 333, 339.

6. Die Gesetzgebung bis 1976

Die anhaltenden Wirtschafts- und Währungsprobleme hatten den Reichspräsidenten schon 1931 veranlaßt, zum Schutze der Bevölkerung vor Überteuerung von Preisen für lebenswichtige Gegenstände und Leistungen des täglichen Bedarfs einen Reichskommissar zu bestellen, der die Preise überwachen und gegebenenfalls für ihre Senkung Sorge tragen sollte[1]. Mit Gesetz vom 29. 10. 1936[2] erhielt der Reichskommissar für Preisbildung für die Festsetzung aller Preise umfassende und nahezu uneingeschränkte Befugnisse. Die Preisstopverordnung vom 26. 1. 1936[3] war der Beginn einer die Wirtschaft bis ins Detail reglementierenden staatlichen Preislenkung[4].

Nach dem 2. Weltkrieg blieb das bisherige Preisrecht zunächst weiter in Kraft. Die Ermächtigungsgrundlage für alle neuen Maßnahmen auf dem Gebiet der Preisbildung und Preisüberwachung bildete nun das Preisgesetz vom 10. 4. 1948[5]. Erst die Währungsreform brachte eine grundlegende Änderung. Die Preisfreigabeverordnung vom 25. 6. 1948[6] hob die meisten Preisvorschriften auf. Damit blieb die Preisbildung wieder grundsätzlich den Marktkräften, also dem Verhältnis von Angebot und Nachfrage überlassen. Schutz vor überhöhten Preisen sollte der Wettbewerb der Unternehmen untereinander bieten.

Auf dem Kreditsektor traten die auf § 23 KWG beruhende Zinsverordnung und die Bestimmungen über die Kosten für Teilzahlungsfinanzierungs- und Kleinkredite erst am 1. 4. 1967 außer Kraft[7].

Im Gegensatz zu allen anderen Preisvorschriften ließ eine Überschreitung der Höchstzinssätze die Wirksamkeit des Privatrechtsgeschäfts unberührt, da die Zinsverordnungen reine kreditpolitischen Zwecken dienende Ordnungsvorschriften waren[8]. Der Kreditnehmer wurde also allenfalls indirekt geschützt.

---

[13] Vgl. Palandt/Heinrichs § 138 Anm. 2 a; Erman/Westermann § 138 Rdz. 6; RGRK-BGB (Krüger-Nieland) § 138 Anm. 6; Enneccerus/Nipperdey § 192 IV (S. 1180), insbesondere Fn. 22; a. A. nur Franke S. 130 f., der in der Entscheidung einen Verstoß gegen die klare Konzeption des § 138 BGB sieht und eine Beweislastumkehr nur de lege ferenda für möglich hält.

[1] Vierte Verordnung des Reichspräsidenten zur Sicherung von Wirtschaft und Finanzen und zum Schutz des inneren Friedens vom 8. 12. 1931, 1. Teil Kapitel II, RGBl. I S. 699, 702; Verordnung über die Befugnisse des Reichskommissars für die Preisüberwachung vom 8. 12. 1931, RGBl. I S. 747 f.

[2] RGBl. I S. 927 f.

[3] RGBl. I S. 955 f.; siehe dazu Rentrop, Preisbildung und Preisüberwachung (1937).

[4] Zusammenstellung der 1943 geltenden Preisvorschriften bei Sellmann/Ferber, Preisrecht (1944).

[5] WiGBl. S. 27, zuletzt verlängert durch Gesetz v. 29. 3. 1954, BGBl. I S. 223.

[6] WiGBl. S. 61

[7] AufhebungsVO v. 21. 3. 1967, BGBl. I S. 352.

6. Die Gesetzgebung bis 1976

Staatliche Preislenkung, sei es durch die Bestimmung von Festpreisen, Höchstpreisen oder Preisspannen oder durch die Genehmigungspflicht für Preisänderungen im Einzelfall, bestehen weiterhin in Wirtschaftsbereichen, in denen entweder ein Preiswettbewerb aus marktspezifischen Gründen nicht stattfindet oder der Staat aus allgemeinwirtschaftlichen Überlegungen auf die Preisbildung Einfluß nehmen zu müssen glaubt.

Neben den Agrarmarktpreisen und den Preisen für öffentliche Aufträge[9] werden auch die Preise auf dem gesamten Verkehrssektor[10], die Tarife der Elektrizitätsunternehmen[11] und der Bausparkassen[12] sowie — mit unterschiedlicher Intensität — die Versicherungsprämien[13] administrativ festgesetzt oder unterliegen der Genehmigungspflicht. Zweck der staatlichen Einflußnahme ist es, einerseits die Leistungsfähigkeit des Gewerbes zu erhalten, andererseits monopolistische Preispolitik zu verhindern.

Die Preisvorschriften des Mietrechts sind nunmehr endgültig aufgehoben[14]. In Hamburg gibt es aber noch Höchstpreise für Kleingärten[15]. Preisvorschriften bestehen ferner für die Krankenhauspflegesätze[16] sowie die Handelszuschläge der Apotheken[17]. Die Höchstsätze der Gebührenordnungen für Rechtsanwälte[18], Ärzte[19], Zahnärzte[20] und Tierärzte[21] können bei ausdrücklicher vertraglicher Vereinbarung überschritten werden.

---

[8] Amtl. Begründung zum KWG, Ds. BT III/1114 S. 37; Reischauer/Kleinhans § 23 KWG Rdz. 27; Consbruck/Möller § 23 KWG Anm. 10; Schork § 23 KWG Rdz. 19.

[9] VO über die Preise von Bauleistungen bei öffentlichen oder mit öffentlichen Mitteln finanzierten Aufträgen v. 6. 3. 1972, BGBl I S. 293.

[10] Güterkraftverkehrsgesetz i. d. F. v. 6. 8. 1975, BGBl. I S. 2132, § 20 a ff. (Güterfernverkehr), § 84 (Güternahverkehr) mit zahlreichen Tarifen, vgl. im einzelnen Hein/Eichhoff/Puckall/Krien, Güterkraftverkehrsrecht, Loseblattsammlung; PersonenbeförderungsG v. 21. 3. 1961, BGBl. I S. 241, § 39 Abs. 1 (Straßenbahnen), § 41 (O-Busse), § 45 Abs. 3 (Linienbusse), § 51 Abs. 1, 2 (Gelegenheitsverkehr); § 6 Abs. 3 des allgemeinen EisenbahnG v. 29. 3. 1951, BGBl. I S. 225; LuftverkehrsG v. 4. 11. 1968, BGBl. I S. 1114, § 21 Abs. 1 (Linienflugverkehr), § 22 (Gelegenheitsflugverkehr); § 21 ff. des Gesetz über den gewerblichen Binnenschiffahrtsverkehr v. 8. 1. 1969, BGBl. I S. 66 (Frachttarife); in Hamburg: VO über Entgelte der Hafenschiffahrt v. 11. 12 .1951, BL I 97—d.

[11] §§ 3 Abs. 3, 10 Abs. 2 der VO über allgemeine Tarife für die Versorgung mit Elektrizität v. 28. 11. 1971, BGBl. I S. 1865.

[12] § 8 Abs. 1 Nr. 3, § 9 BausparkassenG v. 16. 11. 1972, BGBl. I S.

[13] Gesetz über die Beaufsichtigung der privaten Versicherungsunternehmen v. 6. 6. 1931, RGBl. I S. 315, § 8 Abs. 1 Nr. 2 (allgemein), §§ 11, 12 (Kranken- und Unfallversicherungen); für Kfz.-Haftpflichtversicherungen gilt § 8 Abs. 1 PflichtversicherungsG v. 5. 4. 1965, BGBl. I S. 213, sowie dazu erlassene TarifVO v. 20. 11. 1967, BAnz Nr. 225, Beil.

[14] vgl. das 3. Gesetz zur Änderung des Schlußtermins für den Abbau der Wohnungszwangswirtschaft v. 30. 10. 1972, BGBl. I S. 2051.

[15] Hamburger VO über Pachtpreise für Kleingärten v. 28. 3. 1961, GVBl. S. 115.

[16] § 16 des Gesetzes zur wirtschaftlichen Sicherung der Krankenhäuser und zur Regelung der Krankenhauspflegesätze v. 29. 6. 1972, BGBl. I S. 1009.

[17] Deutsche Arzneitaxe v. 1. 1. 1936.

[18] GebO v. 26. 7. 1957, BGBl. I S. 907.

II. Geschichte des Wucherverbots

Zum Schutz des Vertragsgegners sind seit jeher die Pfandleiherentgelte beschränkt. Nach § 10 Abs. 1 der Verordnung über den Geschäftsbetrieb der gewerblichen Pfandleiher i. d. F. vom 1. 6. 1976[22] dürfen maximal 1 % p. m. Zinsen, eine für Darlehen bis 500,— DM tabellarisch festgelegte Vergütung für die Kosten des Geschäftsbetriebes sowie die notwendigen Kosten der Verwertung gefordert werden.

Im Zusammenhang mit der Bekämpfung wucherischer Forderungen ist auch das Gesetz über Altenpflege, Altenwohnheime und Pflegeheime für Volljährige vom 7. 8. 1974[23] von Interesse. Nach § 6 Abs. 3 Nr. 5 a HeimG muß die zuständige Behörde die Erlaubnis zum Betreiben eines Heimes versagen, wenn „die Prüfung der einzureichenden Unterlagen ergibt, daß zwischen den gebotenen Leistungen und dem geforderten Entgelt ein Mißverhältnis besteht"[24].

Eine Wirtschaftspolitik, die auf direkte Eingriffe in der Wirtschaft weitgehend verzichtete, mußte bei einer weiterhin angespannten Versorgungslage zu Mißbräuchen herausfordern. Der Wirtschaftsrat stellte daher — entsprechend dem Vorbild der Sozialwuchertatbestände nach dem 1. Weltkrieg — das Fordern unangemessener Preise unter Strafe[25]. Das Wirtschaftsstrafgesetz vom 9. 7. 1954[26] sah eine Bestrafung des Sozialwuchers zunächst nicht vor, wurde aber bereits 1956 um den § 2 a erweitert[27]. Nach dieser Vorschrift wurde bestraft, wer „vorsätzlich in befugter oder unbefugter Betätigung in einem Beruf oder Gewerbe für Gegenstände des lebenswichtigen Bedarfs Entgelte fordert, verspricht, vereinbart, annimmt oder gewährt, die infolge einer Beschränkung des Wettbewerbs oder infolge der Ausnutzung einer wirtschaftlichen Machtstellung oder einer Mangellage unangemessen hoch sind".

Der Abbau der Wohnungszwangswirtschaft ab 1960[28] machte es notwendig, unter § 2 a WiStG die Vermietung von Wohnräumen oder die Vermittlung eines Mietvertrages ausdrücklich zu erwähnen[29]. Das „Gesetz zur Verbesserung des Mietrechts und zur Begrenzung des Mietanstiegs" vom 4. 11. 1971[30] regelte die Mietpreisüberhöhung und die

---

[19] GebO v. 18. 3. 1965, BGBl. I S. 89.

[20] GebO v. 18. 3. 1965, BGBl. I S. 123.

[21] GebO v. 2. 9. 1971, BGBl. I S. 1520.

[22] BGBl. I S. 1334.

[23] BGBl. I S. 1873.

[24] vgl. im einzelnen Gössling § 2 HeimG Anm IV, V; Kunz/Ruf/Wiedeman § 6 HeimG Rdz. 30 f.

[25] PreistreibereiG v. 7. 10. 1948, WiGBl. S. 99; PreistreibereiG v. 28. 1. 1949, WiGBl. S. 11; § 19 WirtschaftsstrafG v. 26. 7. 1949, WiGBl. S. 193, 195.

[26] BGBl. I S. 175.

[27] Gesetz v. 19. 12. 1956, BGBl. I S. 924.

[28] siehe das Gesetz über den Abbau der Wohnungszwangswirtschaft und über ein soziales Miet- und Wohnrecht v. 23. 6. 1960, BGBl. S. 389.

[29] vgl. die Amtl. Begründung zum Gesetz v. 21. 12. 1962, BGBl. I S. 761, Ds. BT IV/573.

[30] BGBl. I S. 1745, 1747.

Preisüberhöhung bei der Wohnungsvermittlung gesondert in den §§ 2 b und 2 c WiStG. Im Gegensatz zur bisherigen Regelung kam es für die §§ 2 b, c WiStG nicht mehr auf den Nachweis einer Mangellage, sondern lediglich auf die Ausnutzung eines geringeren Angebots an vergleichbaren Räumen an. Auf Anregung des Bundesrates[31] wurde auch leichtfertiges Handeln unter Strafe gestellt. In der Bekanntmachung der Neufassung des Wirtschaftstrafgesetzes vom 3. 6. 1975[32] finden sich die Vorschriften zur Preisüberhöhung als §§ 4—6.

Dem Schutz vor überhöhten Preisen dient auch die Mißbrauchsaufsicht über marktbeherrschende Unternehmen[33].

Bereits die „Verordnung gegen Mißbrauch wirtschaftlicher Machtstellung" vom 2. 11. 1923[34] ermächtigte in § 10 Abs. 1 die Kartellgerichte, den beteiligten Parteien ein Rücktrittsrecht zuzusprechen, wenn „die Geschäftsbedingungen oder die Arten der Preisfestsetzung von Unternehmen ... geeignet sind, unter Ausnutzung einer wirtschaftlichen Machtstellung die Gesamtwirtschaft oder das Gemeinwohl zu gefährden". Nach § 22 des Gesetzes gegen Wettbewerbsbeschränkungen vom 27. 7. 1957[35] kann die Kartellbehörde marktbeherrschenden Unternehmen u. a. das Fordern mißbräuchlicher Preise untersagen und Verträge für unwirksam erklären. Die Kartellnovelle vom 3. 8. 1973[36] umschrieb den Begriff der Marktbeherrschung näher und schuf einen an die Höhe des Marktanteils gekoppelten Vermutungstatbestand für eine marktbeherrschende Stellung.

7. Die Rechtsprechung des Bundesgerichtshofes und der Untergerichte zum Wucherverbot

Die Erleichterungen, die der Beschluß des Reichsgerichts vom 13. 3. 1936[1] dem Bewucherten brachte, hatten zur Folge, daß § 138 Abs. 2 BGB gegenüber § 138 Abs. 1 BGB weitgehend in den Hintergrund trat. So bekämpfte der Bundesgerichtshof den *Kreditwucher* im Zivilrecht hinfort ausschließlich über § 138 Abs. 1 BGB[2]. Bei *allen anderen Vertragsarten* lehnte die Rechtsprechung es allerdings letztlich regelmäßig ab, einen Vertrag bereits allein wegen eines besonders hohen Mißverhält-

---

[31] Ds. BT VI/1549 S. 29 f.
[32] BGBl. I S. 1313.
[33] vgl. v. Hippel, Verbraucherschutz, S. 83 ff. m. w. N.; Reich, ZVP 1977, 227 ff.
[34] RGBl. I S. 1067.
[35] BGBl. I S. 1081, 1086.
[36] BGBl. I S. 917.
[1] RGZ 150, 1 ff.; oben, II 5.
[2] BGH, Urt. v. 22. 12. 1953, BB 1954, 174 f.; Urt. v. 15. 2. 1956, WPM 1956, 459, 460; Urt. v. 12. 1. 1966, WPM 1966, 399 ff.; Urt. v. 6. 7. 1966, WPM 1966, 832, 835; Urt. v. 9. 2. 1967, Betr. 1967, 678; Urt. v. 3. 3. 1976, Betr. 1976, 766 f.; Urt. v. 22 1. 1976, Betr. 1976, 573 f.

nisses nach § 138 Abs. 1 BGB für nichtig zu erklären[3]. Der BGH hat bisher erst in einem einzigen Fall die Nichtigkeit eines Vertrages mit § 138 Abs. 2 BGB begründet[4]. Dagegen haben die Untergerichte in jüngster Zeit wiederholt § 138 Abs. 2 BGB herangezogen, um übervorteilte Verbraucher vor überhöhten Kreditzinsen[5], Kaufpreisen[6] oder Werklohnforderungen[7] zu schützen.

a) Der Bundesgerichtshof bestimmte — wie schon das Reichsgericht — das Verhältnis der Leistungen nach ihrem objektiven Wert[8].

Beim Kauf eines Grundstücks im Naturschutzgebiet, von dem der Käufer irrtümlich annahm, es handele sich um Bauerwartungsland, legte der Bundesgerichtshof aber nicht den gutachterlich ermittelten Quadratmeterpreis zugrunde, sondern verneinte ein objektives Mißverhältnis mit dem Hinweis, der Kaufpreis könne sich unter diesen Umständen überhaupt nur als Liebhaberpreis oder unter Berücksichtigung spekulativer Erwartungen bilden[9].

Die Auffälligkeit des Mißverhältnisses ermittelte der Bundesgerichtshof beim Verkauf unter Wert anhand der prozentualen Abweichung des Kaufpreises vom objektiven Wert[10]. Auch bei einem Mißverhältnis von mehr als der Hälfte[11] gebiete die Sicherheit des Rechtsverkehrs eine sorgfältige Prüfung[12]. Bisher nahm der Bundesgerichtshof bei *Kaufverträgen* nur in einem einzigen Fall ein auffälliges Mißverhältnis an[13].

---

[3] vgl. BGH, Urt. v. 21. 5. 1957, NJW 1957, 1274, 1275 (Miet- und Aufbauvertrag); Urt. v. 24. 10. 1968, BGHZ 51, 141, 143 f. (Prozeßvergleich); Urt. v. 19. 2. 1969, Warneyer 1969, Nr. 146 (Praxisverkauf); Urt. v. 2. 5. 1969, WPM 1969, 836 ff. (Grundstücksteilkauf); Urt. v. 14. 7. 1969, WPM 1969, 1255, 1257 (Abfindungsvertrag); Urt. v. 28. 5. 1976, WPM 1976, 926, 927 (Grundstücksverkauf); OLG Nürnberg, Urt. v. 27. 6. 1966, VRS 31, 324, 325 f. (Gebrauchtwagenkauf); anders LG Düsseldorf, Urt. v. 5. 6. 1962, MDR 1963, 54: Miete, die das $3^{1}/_{2}$fache der ortsüblichen Miete beträgt, ist nach § 138 Abs. 1 BGB nichtig. Siehe auch OLG Frankfurt, Urt. v. 12. 7. 1963, NJW 1964, 254 f. und LG Frankfurt, Urt. v. 16. 4. 1963, NJW 1964, 255 f. (Automatenmietverträge).

[4] Urt. v. 4. 12. 1953, BB 1954, 175: Tausch eines Behelfsheimes (Wert: 2050,— DM) gegen ein Hausgrundstück (Wert: 6665,— DM) unter Ausnutzung einer durch politische Verfolgung entstandenen Notlage.

[5] vgl. AG Hamburg, Urt. v. 22. 1. 1975, MDR 1975, 662.

[6] vgl. AG Köln, Urt. v. 22. 3. 1966, Betr. 1966, 1387 f.; LG Trier, Urt. v. 9. 10. 1973, NJW 1973, 151, 152.

[7] vgl. LG Nürnberg-Fürth, Urt. v. 27. 4. 1973, BB 1973, 777 f.

[8] BGH, Urt. v. 4. 12. 1953, BB 1954, 175; Urt. v. 10. 11. 1959, MDR 1960, 376, 377; Urt. v. 2. 5. 1969, WPM 1969, 836, 837; Urt. v. 14. 7. 1969, WPM 1969, 1256, 1257.

[9] BGH, Urt. v. 28. 5. 1976, WPM 1976, 926, 927.

[10] BGH, Urt. v. 10. 11. 1959, MDR 1960, 376 f.; Urt. v. 2. 5. 1969, WPM 1969, 836, 837.

[11] Das ist, gemessen an der Leistung des Wucherers, ein Mißverhältnis von 100 %!

[12] BGH, Urt. v. 10. 11. 1959, MDR 1960, 376 f.

[13] oben Fn. 4.

7. Die Rechtsprechung der Gegenwart zum Wucherverbot

Eine umfangreichere Judikatur bildete sich dagegen zum *Kreditwucher*, den der Bundesgerichtshof ausschließlich über § 138 Abs. 1 BGB bekämpfte. Dabei ist es von Interesse, daß alle Entscheidungen des Bundesgerichtshofes zum Kreditwucher gewerbliche Kredite betrafen. Die Rechtsprechung hat sämtliche Zinssätze über 50 % nach § 138 Abs. 1 BGB für sittenwidrig erklärt[14].

Eine Weiterentwicklung zu einem objektiven Wucherbegriff schien sich mit der Entscheidung des BGH vom 15. 2. 1956 anzubahnen. Das Gericht erklärte ein mit 39,56 % verzinstes Darlehen zwischen Kaufleuten für nichtig, weil „Zinsen in dieser Höhe zu einer ungesunden Entwicklung des allgemeinen Kreditwesens sowie dazu führen können, daß es entweder zu Preissteigerungen kommt oder der Darlehensnehmer geschäftlich zusammenbricht"[15].

Schon 1961 ließ es der BGH aber ausdrücklich offen, ob ein Zinssatz von 45 % den Darlehensvertrag stets nichtig mache[16]. Im Urteil vom 28. 10. 1966 erklärte er, ob ein Darlehensgeschäft wegen der Höhe der Zinsen (32,5 bis 46,5 %) sittenwidrig sei, hänge wesentlich von dem mit der Hingabe des Geldes verbundenen Risiko ab[17]. Der VII. Zivilsenat entschied, die Vereinbarung eines monatlichen Zinssatzes von 2 %[18] verstoße nicht unbedingt gegen § 138 Abs. 1 BGB[19], während der II. Zivilsenat einen Zinssatz von 40 % auch bei Berücksichtigung eines erheblichen Risikos grundsätzlich nicht als zulässig ansah[20].

Uneinheitlich ist auch die Rechtsprechung der Untergerichte.

Das OLG Karlsruhe erklärte ein Entgelt von 250,— DM für ein dreimonatiges Darlehen von 2500,— DM, für dessen Rückzahlung lediglich die Ehefrau des Schuldners bürgte, für sittenwidrig[21]. Das OLG Köln hielt für ein durch Grundschuld gesichertes Darlehen mit gleicher Laufzeit 3 % Zinsen nicht für überhöht, obwohl der Darlehensgeber nur 96 % des Kapitals auszahlte und außerdem auch die Zinsen gleich abzog[22].

---

[14] BGH, Urt. v. 22. 12. 1953, BB 1954, 174 f. (56 %); Urt. v. 12. 1. 1966, WPM 1966, 399 ff. (114 bzw. 131 %); Urt. v. 6. 7. 1966, WPM 1966, 832, 835 (40 bis 200 %); Urt. v. 9. 2. 1967, Betr. 1967, 678 (90 %); Urt. v. 3. 3. 1976, Betr. 1976 766 f. (54 % und 36 % nebst 50 000,— DM Vertragsstrafe); OLG Karlsruhe, Urt. v. 5. 7. 1967, Betr. 1967, 1454 f. (105 %); Urt. v. 28. 5. 1974, BB 1974, 954 f. (70 bis 100 %); LG München, Urt. v. 30. 6. 1976, NJW 1976, 1978 f. (61,4 %); OLG Düsseldorf, Urt. v. 18. 12. 1975, WPM 1976, 1151, 1152 (72,32 %).

[15] WPM 1956, 459, 460.

[16] BGH, Urt. v. 9. 11. 1961, WPM 1962, 112, 113; ebenso OLG Stuttgart, Urt. v. 23. 2. 1961, TW 1967, 150, für 40 % Zinsen zuzüglich 60 % Verzugszinsen.

[17] WPM 1966, 1221, 1223 f.

[18] Bei monatlicher Tilgung beträgt der effektive Zinssatz ohne Berücksichtigung von Bearbeitungsgebühren bereits bei einer Laufzeit von sechs Monaten über 40 %, wenn — wie banküblich — die monatlichen Zinsen vom ursprünglichen Kapital berechnet werden. Ob dem Fall des BGH abweichende Konditionen zugrundelagen, läßt sich dem veröffentlichten Teil des Urteils nicht entnehmen.

[19] BGH, Urt. v. 10. 4. 1958, BB 1958, 754.

[20] BGH, Urt. v. 19. 4. 1971, WPM 1971, 857, 858.

[21] Urt. v. 25. 10. 1957, BB 1958, 319.

In welchem Umfang der Konsumentenkreditnehmer heute vor überhöhten Zinsen geschützt wird, ist je nach Gerichtsbezirk völlig unterschiedlich. Schon bei der Ermittlung der Kreditkosten gehen die Ansichten weit auseinander. Uneinigkeit besteht in der Frage, ob die Vermittlerprovision zu den Kreditkosten gehört[23], streitig ist auch die Beurteilung der Restschuldversicherungsprämie[24]. Unklar bleibt, wo die Wuchergrenze bei Konsumentenkrediten zu ziehen ist.

In Frankfurt sind Teilzahlungskreditzinsen einschließlich Verzugszinsen von 31,2 % auffällig überhöht[25], in Hamm ein Zinssatz von 34 % im Verzug noch nicht sittenwidrig übersetzt[26], während in Berlin § 138 Abs. 1 BGB bereits eingreift, wenn die laufenden Zinsen einschließlich Auftragsgebühr, Vermittlungsprovision und Restschuldversicherungsprämie 35 % übersteigen[27]. Das LG München I hielt eine Gesamtbelastung von 33,9 % noch für vertretbar[28], das LG Freiburg ließ sogar unberücksichtigt, daß der Zinssatz bei Leistungsstörungen auf über 37 % gestiegen war[29, 30].

---

[22] Urt. v. 4. 11. 1971, WPM 1973, 156 f; der effektive Jahreszins betrug 30,1 %.

[23] *dafür:* OLG München, Urt. v. 28. 9. 1965, NJW 1966, 836 ff.; OLG Köln, Urt. v. 28. 6. 1968, NJW 1968, 1934, 1935; KG, Urt. v. 26. 9. 1974, WPM 1975, 128, 129; OLG Nürnberg, Urt. v. 28. 10. 1975, MDR 1976, 399; OLG Düsseldorf, Urt. v. 18. 12. 1975, WPM 1976, 1151, 1152 f.; LG München I, Urt. v. 30. 6. 1976, NJW 1976, 1978 f.; *dagegen:* OLG Köln, Urt. v. 4. 11. 1971, WPM 1973, 156, 157; OLG München, Urt. v. 27. 2. 1976, NJW 1977, 152; LG Stuttgart, Urt. v. 19. 2. 1975, TW 6/1976 S. 26; LG München I, Urt. v. 20. 11. 1975, TW 6/1976, S. 26; AG Weilheim, Urt. v. 7. 5. 1976, TW 2/1977 S. 21.

[24] Als Teil der Kreditkosten sehen die Prämie an: KG, Urt. v. 26. 9. 1974, WPM 1975, 128, 129; OLG Nürnberg, Urt. v. 28. 10. 1975, MDR 1976, 399; OLG Köln, Urt. v. 28. 6. 1968, NJW 1968, 1934, 1935; dagegen: OLG München, Urt. v. 27. 2. 1976, NJW 1977, 152; LG München I, Urt. v. 20. 11. 1975, MDR 1976, 399; LG Tübingen, Urt. v. 5. 3. 1976, TW 2/1977 S 21; LG Osnabrück, Urt. v. 30. 12. 1976, TW 2/1977 S. 21. LG Stuttgart, Urt. v. 19. 2. 1975, TW 6/1976 S. 26, will die Prämie zur Hälfte anrechnen.

[25] AG Frankfurt, Urt. v. 3. 10. 1968, OLG Frankfurt, Urt. v. 7. 3. 1968, MDR 1969, 47.

[26] OLG Hamm, Urt. v. 22. 1. 1973, NJW 1973, 1002, 1003.

[27] KG, Urt. v. 26. 9. 1974, WPM 1975, 128, 129.

[28] Urt. v. 7. 2. 1975, TW 6/1976 S. 26: „Eine Kreditgebühr von 1,2 % p. M (= 28 % p. a.) bei einem Ratenkredit ist nicht sittenwidrig, auch wenn bei einem Kredit von netto 4160,— DM auf 30 Monaten „fremde Kosten" von 208,— DM und „sonstige Gebühren" von 117,40 DM als verkappte Zinsen hinzugerechnet werden (Gesamtbelastung 33,9 %), zumal der Klägerin keine Sicherheiten zur Seite stehen." Ebenso LG Limburg, Urt. v. 10. 4. 1976, TW 2/1977 S. 20 (33,88 % effektiver Jahreszinsen ist wegen des relativ hohen Risikos nicht sittenwidrig) und LG Duisburg, Urt. v. 30. 7. 1976, TW 2/1977 S. 21 (effektiver Jahreszins von 32,88 % p. a. unter Einschluß von Vermittlungs-, Bearbeitungs- und Restschuldversicherungskosten). Das OLG München, Urt. v. 27. 2. 1976, NJW 1977, 152, ließ für 34 % die Frage der Sittenwidrigkeit offen.

[29] Urt. v. 6. 5. 1976, TW 2/1977 S. 20: „Für die zulässige Zinshöhe kommt es auf die Effektivverzinsung an, die bei normaler Laufzeit und normaler Abwicklung erreicht wird. Daß der Zinssatz bei Leistungsstörungen teilweise recht erhebliche anschwellen kann (im Streitfall über 37 % p. a.), darf hierbei nicht berücksichtigt werden. — Erst ein Zinssatz von über 40 % p. a.

7. Die Rechtsprechung der Gegenwart zum Wucherverbot

Zinsätze unter 30 % sind in der Bundesrepublik rechtlich nicht angreifbar[31].

Völlig anders verlief die Rechtsprechung zum *Mietwucher*. Der Bundesgerichtshof stellte 1957 fest, der angemessene Wohnraummietzins müsse nach den „Grundsätzen der Preisbildung in der freien Marktwirtschaft" geprüft werden[32]. Dabei seien besonders die Gestehungskosten, der objektive Nutzungswert sowie ein angemessener Vermietergewinn zu berücksichtigen. Eine infolge knappen Angebots günstige Marktlage oder die gute Vermögenslage des Mieters durfte daher zu Preiserhöhungen ausgenutzt werden[33]. Die Berechnung der angemessenen Miete nach den „Grundsätzen der freien Marktwirtschaft"[34] machte

---

wird in der Regel für sittenwidrig erklärt, bei Zinssätzen unter diesem Limit kommt es auf die Umstände des Einzelfalles an (Kredit ohne Sicherheit mit hohem Risiko)".

[30] weitere den Wucher bejahende Entscheidungen:
AG Mönchengladbach, Urt. v. 3. 10. 1961, MDR 1962, 128: Vereinbarung eines festen gleichbleibenden Zinsbetrages ohne Rücksicht auf geleistete Zahlungen ist sittenwidrig, wenn sich dabei Zinssätze von rund 30 % und mehr ergeben;
OLG München, Urt. v. 28. 9. 1965, NJW 1966, 836 ff.: 45 % Zinsen einschließlich Vermittlungsprovision sind sittenwidrig;
OLG Nürnberg, Urt. v. 28. 10. 1975, MDR 1976, 399: Ein Kreditvertrag mit Effektivzinsen von 40 % einschließlich Vermittlungsprovision und Restschuldversicherung ist nichtig;
LG Tübingen, Urt. v. 5. 3. 1976, TW 2/1977 S. 21: Ein Effektivzins von 39,46 % p. a. (ohne Restschuldversicherung) ist sittenwidrig.

[31] Vgl. OLG Köln, Urt. v. 4. 11. 1971, WPM 1973, 156 f. (30,1 %); OLG Hamm, Urt. v. 22. 1. 1973, NJW 1973, 1002, 1003 (34 % einschließlich Verzugszinsen); Urt. v. 27. 2. 1974, NJW 1974, 1951 f., insoweit abgedruckt in TW 4/1975 S. 27 (34,4 % einschließlich Verzugszinsen); LG München I, Urt. v. 6. 5. 1976, TW 2/1977 S. 20 (Fn. 28); LG Limburg, Urt. v. 10. 4. 1976, TW 2/1977 S. 20 (33,88 %); LG Freiburg, Urt. v. 6. 5. 1976, TW 2/1977 S. 20; AG Weilheim, Urt. v. 7. 5. 1976, TW 2/1977 S. 21 (31,74 %); LG Osnabrück, Urt. v. 30. 12. 1976, TW 2/1977 S. 21 (30,41 %); LG Duisburg, Urt. v. 30. 7. 1976, TW 2/1977 S. 21; LG Köln, Urt. v. 8. 10. 1975, TW 6/1976 S. 26 (30 % Gesamtverzinsung in der Zeit der Hochzinspolitik 1973). Vgl. ferner OLG Oldenburg, Urt. v. 24. 10. 1951, MDR 1952, 38 f. (24 %); AG Hamburg, Urt. v. 12. 5. 1955, MDR 1955, 476 (1 % p. M.); OLG Köln, Urt. v. 20. 12. 1963, Betr. 1964, 216 (25 %); Urt. v. 8. 3. 1968, NJW 1968, 1933 f. (24 %); Urt. v. 23. 6. 1968, NJW 1968, 1934 f. (24 %); OLG Bremen, Urt. v. 12. 2. 1973, TW 4/1975 S. 26 (24,3 %); LG München II, Urt. v. 27. 5. 1975, TW 6/1976 S. 26 (24,3 %); LG München I, Urt. v. 20. 11. 1975, MDR 1976, 399, 400 (23,77 %); OLG München, Urt. v. 27. 2. 1976, NJW 1977, 152 (24 %). Einzige Ausnahmen: LG Essen, Urt. v. 22. 9. 1954, MDR 1955, 98 f. (Teilzahlungsbestimmung „pro Monat 1 % auf den bei Lieferung verbleibenden Rest" verstößt gegen die guten Sitten und ist gemäß § 138 nichtig) und LG Köln, Urt. v. 11. 11. 1954, MDR 1955, 100 f. (Zinsen von 27 % sind gegenüber einer Privatperson weit überhöht, „die allgemeine Üblichkeit eines Teilzahlungszuschlages in dieser Höhe ist in Wahrheit eine Unsitte"); gegen diese Entscheidungen Meeßen, MDR 1955, 414 f.; Pohlmann, MDR 1955, 99 f.; Ewald, MDR 1955, 392 ff.; Klauss, BB 1955, 809 ff.

[32] Urt. v. 3. 12. 1957, BGHSt 11, 182, 183 f.

[33] BGHSt 11, 182, 183 f.

[34] vgl. OLG Köln, Urt. v. 30. 7. 1965, ZMR 1967, 281 f.; OLG Neustadt, Urt.

eine wirksame Bekämpfung des Mietwuchers praktisch unmöglich. Der Vermieter brauchte nur auf die hohen Selbstkosten zu verweisen, um seinen Zins zu rechtfertigen[35].

Eine Änderung der Rechtsprechung leitete das Urteil des Landgerichts Darmstadt vom 14. 1. 1972[36] ein. Unter Berufung auf das „Gesetz zur Verbesserung des Mietrechts usw." vom 4. 11. 1971 lehnte es sowohl für § 2a WiStG als auch für § 302e StGB die Kostenmiete als Berechnungsgrundlage ab und zog grundsätzlich die ortsübliche Miete zum Vergleich heran. Hohe Gestehungs- und sonstige Kosten des Vermieters blieben daher unberücksichtigt. Wer nur unter erheblicher Überschreitung der ortsüblichen Vergleichsmiete kostendeckend vermieten könne, müsse dies eben ganz unterlassen[37].

Die Berechnung des angemessenen Mietzinses nach der ortsüblichen Vergleichsmiete entspricht heute der allgemeinen Praxis der Gerichte[38]. Im Gegensatz zu allen anderen Wucherfällen bestimmt die Rechtsprechung nicht nur die Bewertungsgrundlagen nach objektiven Kriterien, sondern legt auch eine von den Umständen des Einzelfalles losgelöste abstrakte Wuchergrenze fest. Ein auffälliges Mißverhältnis besteht demnach bei einer Überschreitung der ortsüblichen Vergleichsmiete um ca. 50 %[39], eine Mietpreisüberhöhung nach dem Wirtschaftsstrafgesetz wird bereits bei 20 bis 25 % angenommen[40].

b) Auch bei der Auslegung der subjektiven Merkmale des Wuchertatbestandes knüpfte die Judikatur an die Rechtsprechung des Reichsgerichts an.

(1) Der Bundesgerichtshof bestätigte die reichsgerichtliche Definition der *Notlage* als einer drängenden, die wirtschaftliche Existenz bedrohenden Not[41].

---

v. 16. 3. 1964, MDR 1965, 139; OLG Braunschweig, Urt. v. 18. 1. 1967, ZMR 1968, 90 f.

[35] vgl. OLG Köln, Urt. v. 30. 7. 1965, ZMR 1967, 281 f.

[36] NJW 1972, 1244 ff; vgl. schon AG Münster, Urt. v. 28. 5. 1969, ZMR 1970, 11.

[37] LG Darmstadt, NJW 1972, 1244, 1245.

[38] LG Darmstadt, Urt. v. 25. 5. 1973, NJW 1975, 549 f.; LG Köln, Urt. v. 18. 2. 1975, ZMR 1975, 367 ff.; OLG Köln, Urt. v. 29. 7. 1975, NJW 1976, 119 f.

[39] LG Darmstadt, Urt. v. 14. 1. 1972, NJW 1972, 1244, 1245; LG Köln, Urt. v. 10. 2. 1975, ZMR 1975, 367, 369; OLG Köln, Urt. v. 29. 7. 1975, ZMR 1975, 366, 367; LG Mannheim, Urt. v. 22. 7. 1974, Justiz 1976, 518 f.

[40] OLG Stuttgart, Urt. v. 27. 5. 1975, ZMR 1975, 370 f. (20 %); OLG Frankfurt, Urt. v. 14. 2. 1975, ZMR 1975, 371 f. (25 %); LG Mannheim, Urt. v. 25. 9. 1975, MDR 1976, 316 (25 %); LG Hamburg, Urt. v. 1. 4. 1977, MDR 1977, 582 (25 %); LG Mannheim, Urt. v. 17. 2. 1977, NJW 1977, 1729, 1730 (20 %); LG Frankfurt, Beschl. v. 16. 4. 1975, WM 1976, 134 (25 %); LG Mannheim, Urt. v. 22. 7. 1974, Justiz 1976, 518 f. (20 %). Der BGH hat die Revision gegen das Urteil des LG Mannheim v. 22. 7. 1974 mit Beschluß vom 30. 6. 1976 (3 StR

7. Die Rechtsprechung der Gegenwart zum Wucherverbot

Der BGH verneinte eine Notlage bei Kreditabschlüssen, die die Errichtung eines Gewerbebetriebes[42] bzw. seine Erhaltung im bisherigen Umfang ermöglichen sollten[43], nahm aber in einem Fall eine wirtschaftliche Notlage bereits an, wenn der Schuldner ein Darlehen aufnimmt, um Schulden bei Freunden und Bekannten zurückzuzahlen, die, obwohl selbst dringend auf das Geld angewiesen, ihn mit Rücksicht auf die persönlichen Bindungen nie verklagen würden, und der Schuldner sich dadurch der zum Lebensunterhalt unentbehrlichen Mittel begibt[44].

Den Charakter des Wuchers als eine Ausbeutung des wirtschaftlich bedrängten einzelnen betonte der BGH in seiner Entscheidung zum Mietwucher[45]. Das Bedürfnis nach Wohnraum sei eine Zwangs-, aber keine Notlage. Vielmehr müsse die Miete so hoch sein, daß der Betroffene wenigstens in einer angemessenen wirtschaftlichen Lebenshaltung fühlbar eingeengt wird. Daß die einschränkende Begriffsbestimmung zu unbefriedigenden Ergebnissen führen könne, räumte das Gericht selbst ein, sah sich aber auch durch die Reformbestrebungen, die das Merkmal der „Notlage" durch „Zwangslage" ersetzen wollten, an einer weitergehenden Auslegung gehindert[46].

(2) Mit allgemein steigendem Wohlstand nahmen die Fälle der Bedrohung der wirtschaftlichen Existenz in der Rechtsprechung zahlenmäßig ab und das Merkmal der *Unerfahrenheit* gewann an Bedeutung. Wie das Reichsgericht betonte der BGH, der Mangel an Geschäftskenntnis und Lebenserfahrung könne auch auf bestimmte Lebens- oder Wirtschaftsbereiche beschränkt sein; das Fehlen von Spezialkenntnissen für Sondergebiete reiche aber nicht aus[47].

Im Urteil vom 4. 4. 1959[48] hob das Gericht die Verurteilung wegen Sachwucher auf. Die Angeklagten hatten ihren Patienten objektiv wertlose Abschirmgeräte gegen Erdstrahlen, die angeblich Krankheiten verursachen sollten, verkauft. Das Gericht verstand unter Unerfahrenheit nur einen gegenüber dem Durchschnittsmenschen erhöhten Mangel an Geschäftskenntnis und

---

115/76) als offensichtlich unbegründet verworfen und damit — inzident — auch die 20 %-Grenze gebilligt.

[41] BGH, Urt. v. 31. 1. 1952, LM Nr. 1 zu § 302 d StGB; Urt. v. 21. 5. 1957, BB 1957, 664; Urt. v. 7. 10. 1958, NJW 1958, 2074, 2075; OLG Stuttgart, Urt. v. 23. 2. 1961, TW 1967, 150; OLG München, Urt. v. 28. 9. 1965, NJW 1966, 836, 837; zweifelnd im Hinblick auf die Ausbeutung politisch Verfolgter, BGH, Urt. v. 4. 12. 1953, BB 1954, 175, obwohl im konkreten Fall auch eine wirtschaftliche Bedrängnis gegeben war.

[42] Urt. v. 7. 10. 1958, NJW 1958, 2074, 2075.
[43] Urt. v. 31. 1. 1952, LM Nr. 1 zu § 302 d StGB.
[44] Urt. v. 7. 10. 1958, NJW 1958, 2074.
[45] Urt. v. 3. 12. 1957, BGHSt 11, 182, 185 f.
[46] BGHSt 11, 182, 185 f.
[47] BGH, Urt. v. 3. 12. 1957, BGHSt 11, 182, 186; Urt. v. 27. 3. 1958, WPM 1958, 723, 724; Urt. v. 4. 4. 1959, BGHSt 13, 233, 234; Urt. v. 22. 12. 1965, BB 1966, 226; Urt. v. 28. 5. 1976, WPM 1976, 926; OLG Köln, Urt. v. 29. 6. 1961, MDR 1962, 52; OLG Nürnberg, Urt. v. 27. 6. 1966, VRS 31, 324, 326 f.
[48] BGHSt 13, 233.

Lebenserfahrung. Da kaum ein Käufer technischer Geräte in der Lage sei, ihre Qualität zu beurteilen, liege keine Unerfahrenheit vor[49].

Mit der gleichen Begründung wiesen die Gerichte bisher auch Klagen wegen überhöhter Preise beim Gebrauchtwagenkauf ab[50]. Dagegen nahm die Rechtsprechung bei der Ausbeutung durch Automatenmietverträge in mehreren Fällen Unerfahrenheit an[51]. Für diese Entscheidungen war neben dem teilweise eklatanten Mißverhältnis[52] ausschlaggebend, daß der Vermieter sich mit einer anreißerischen Werbung gerade an geschäftsunerfahrene Bürger gewandt hatte.

(3) Gegenüber den beiden vorangegangenen Merkmalen war der Begriff des *Leichtsinns* praktisch bedeutungslos[53].

(4) Von der höchstrichterlichen Rechtsprechung sind in jüngster Zeit einige zivilrechtliche Entscheidungen der Untergerichte erheblich abgewichen.

Das LG Nürnberg-Fürth erklärte den Werkvertrag mit einem Rohrreinigungsunternehmen, daß das 3½fache des äußerstenfalls noch angemessenen Werklohns vereinbart hatte, gemäß § 138 Abs. 2 für nichtig. Die Notlage sah das Gericht darin, daß der Auftraggeber, um größeren Wasserschaden zu verhindern, gezwungen war, den erst unmittelbar vor Arbeitsbeginn genannten Preis zu akzeptieren[54].

Nach einer Entscheidung des AG Köln ist der Kaufvertrag einer Vertriebsfirma über einen Waschvollautomaten zum Preis von 1880,— DM, der in anderen Geschäften für ca. 1000,— DM angeboten wird, wucherisch. Im Gegensatz zu den bisherigen Entscheidungen der Rechtsprechung nahm das Gericht Unerfahrenheit deshalb an, weil „Käufer, die nicht über Fachkenntnisse verfügen, den Wert elektrischer Großgeräte nicht ohne weiteres beurteilen können und daher weitgehend darauf angewiesen sind, sich auf die Angaben ihrer Verkäufer zu verlassen"[55].

Das LG Trier sah die auf einer „Kaffeefahrt" abgeschlossenen Kaufverträge zu überhöhten Preisen[56] nach § 138 Abs. 2 BGB als nichtig an. Ohne auf die konkrete Geschäftskenntnis der Käuferin einzugehen, nahm das Gericht

---

[49] BGHSt 13, 233, 235.
[50] OLG Köln, Urt. v. 22. 1. 1957, VersR 1957, 433; OLG Nürnberg, Urt. v. 27. 6 .1966, VRS 31, 324, 326.
[51] LG Frankfurt, Urt. v. 16. 4. 1963, NJW 1964, 255, 256; OLG Frankfurt, Urt. v. 12. 7. 1963, NJW 1964, 254, 255; KG, Urt. v. 25. 5. 1964, NJW 1964, 1475, 1476; weitere Entscheidungen bei v. Olshausen/Schmidt, Automatenrecht B 10, 29 (S. 58 f., 72 ff.).
[52] Der Mieter hatte nicht nur eine den Kaufpreis des Gerätes weit übersteigende „Kaution" zu leisten, sondern mußte auch eine Miete zahlen, die selbst bei optimistischen Umsatzerwartungen durch die Einnahmen nicht gedeckt war. Außerdem waren mehrjährige Vertragsdauer und hohe Vertragsstrafen vereinbart.
[53] vgl. BGH, Urt. v. 3. 12. 1957, BGHSt 11, 182, 186; Urt. v. 28. 5. 1976, WPM 1976, 926 f.
[54] LG Nürnberg-Fürth, Urt. v. 27. 4. 1973, BB 1973, 777 f.
[55] AG Köln, Urt. v. 22. 3. 1966, Betr. 1966, 1387 f.
[56] Der Preis war mit einem Aufschlag von 300 bzw. 150 % auf den Einkaufspreis kalkuliert.

eine Ausbeutung der Unerfahrenheit an, weil die Käuferin mangels Angaben weder den Hersteller der Ware kannte, noch anläßlich der „Kaffeefahrt" irgendwelche Preis- oder Qualitätsvergleiche der angebotenen Ware mit anderen Artikeln vornehmen konnte[57].

Schließlich ist das Urteil des AG Hamburg vom 22. 1. 1975 zum Kreditwucher zu erwähnen. Das Gericht sah die Ausbeutung der Unerfahrenheit darin, daß die Bank die Höhe der Verzugszinsen nur in ihren Allgemeinen Geschäftsbedingungen genannt und außerdem den effektiven Jahreszinssatz (bei normaler Abwicklung des Darlehensvertrages über 20 %) nicht angegeben hatte, „obwohl ihr bekannt sein dürfte, daß die meisten Kunden die Höhe des Effektivzinses nicht kennen und auch nicht errechnen können"[58].

8. Die Neufassung des Wucherverbots

Die eigentlichen Wucherparagraphen (§§ 138 Abs. 2 BGB 302 a—e StGB) blieben lange Zeit unverändert[1]. Auch das „Gesetz zur Verbesserung des Mietrechts und zur Begrenzung des Mietanstiegs" vom 4. 11. 1971[2] stellte in § 302 f StGB lediglich den bisher als Sachwucher erfaßten Wohnraumwucher gesondert unter Strafe. § 302 f StGB unterschied sich von § 302 e nur darin, daß es auch den nicht gewerbs- oder gewohnheitsmäßigen Mietwucher bestrafte und „Notlage" durch „Zwangslage" ersetzte[3].

Die Änderungsvorschläge des damaligen Regierungsentwurfes — Zusammenfassung von Sach- und Kreditwucher in einem Straftatbestand und Neufassung der Ausbeutungsmerkmale[4] — fanden in den Vorarbeiten zur Reform des Wirtschaftsstrafrechts ihren Niederschlag. Nachdem sich die vom Bundesminister der Justiz eingesetzte Sachverständigenkommission zur Bekämpfung der Wirtschaftskriminalität am 12. und 15. 2. 1974 mit den Änderungen des Wucherrechts ausführlich befaßt hatte[5], wurde am 1. 4. 1975 der Regierungsentwurf mit der Stellungnahme des Bundesrates vorgelegt[6]. Die Änderungen der §§ 138 Abs. 2 BGB, 302 a StGB waren Gegenstand der Verhandlungen des Sonder-

---

[57] LG Trier, Urt. v. 9. 10. 1973, NJW 1973, 151, 152.

[58] AG Hamburg, Urt. v. 22. 1. 1975, MDR 1975, 662: effektive Verzinsung einschließlich Verzugszinsen 38 %.

[1] Eine Zusammenfassung aller den Wuchertatbestand betreffenden strafrechtlichen Reformvorhaben findet sich bei Kohlmann S. 19 Fn. 37.

[2] BGBl. I S. 1745, 1747.

[3] Der Austausch der Begriffe war notwendig geworden, weil der BGH entschieden hatte, die bloße Zwangslage, sich einen Wohnraum beschaffen zu müssen, sei noch keine Notlage, Urt. v. 3. 12. 1957, BGHSt 11, 182, 185 f.

[4] vgl. Ds. BT VI/1549 S. 3.

[5] Tagungsberichte der Sachverständigenkommission, Bd. VI, S. 96—151, im folgenden zitiert als „Kommissionsberichte".

[6] Ds. BT VII/3441.

II. Geschichte des Wucherverbots

ausschusses für die Strafrechtsreform vom 17./18. 2. und 17./18. 5. 1976[7]. Mit dem 1. Gesetz zur Bekämpfung der Wirtschaftskriminalität vom 29. 7. 1976[8] erhielten die Wuchertatbestände ihre gegenwärtige Fassung.

---

[7] Protokolle VII, 2560—2578, 2791—2811, 2834 f.; siehe auch den Bericht des Sonderausschusses für die Strafrechtsreform, Ds. BT VII/2591 v. 3. 6. 1976.
[8] BGBl. I S. 2034 ff.

III. Reformvorschläge zum materiellen Recht

1. Der Wuchertatbestand

a) Der Schwerpunkt der Reform[1] liegt in der Neufassung der die besondere Schwäche des Schuldners umschreibenden Tatbestandsmerkmale. An die Stelle der bisherigen Begriffe „Notlage", „Unerfahrenheit" und „Leichtsinn" sind nunmehr „Zwangslage", „Unerfahrenheit", „Mangel an Urteilsvermögen" und „erhebliche Willensschwäche" getreten. Mit der Neuformulierung der Ausbeutungslagen sollte eine Erweiterung des Anwendungsbereiches auf alle schutzwürdigen Fälle erreicht werden[2].

Ein völliger Verzicht auf eine Umschreibung der Ausbeutungslage ist im Gesetzgebungsverfahren nicht näher erwogen worden. Dabei hätte ein solcher Verzicht gerade im Hinblick auf den durch das Reichsgericht[3] gewiesenen Weg, aus der Höhe des Mißverhältnisses auf das Bestehen einer Ausbeutungslage zu schließen, besonders nahe gelegen.

Kohlmann lehnte in seinem Gutachten zur Reform des Wucherstrafrechts eine ersatzlose Streichung der Ausbeutungsmerkmale strikt ab. Seiner Ansicht nach würde dadurch § 302 a StGB in ein bloßes Delikt gegen Übervorteilung im Geschäftsverkehr umstrukturiert, mit der Folge, daß jeder, der sich „über das Ohr gehauen" fühlt, sofort die Hilfe des Staatsanwaltes in Anspruch nehmen würde[4]. Gegen eine allgemeine Streichung der subjektiven Elemente hat sich auch der Bundesrat in seinem Entwurf zur Reform des zivilrechtlichen Wucherbegriffs für den Kreditwucher ausgesprochen. Sie würde den Gerichten die Allzuständigkeit für eine Art umfassender „Preiskontrolle" aufbürden und eine Vielzahl von Rechtsgeschäften unerträglicher Rechtsunsicherheit aussetzen[5].

Eine Erklärung, weshalb die Fälle, in denen das Gericht eine auch durch die Umstände des Einzelfalles in keiner Weise gerechtfertigte Abweichung vom üblichen Preis, also ein auffälliges Mißverständnis

---

[1] Literatur zur Neufassung des Wuchertatbestandes: Dreiss/Eitel-Dreiss S. 191 ff.; Berz, BB 1976, 1435, 1440; Sturm, JZ 1977, 84 ff.; Göhler/Wilts, Betr. 1976, 1657, 1661 f.; Müller-Emmert/Maier, NJW 1976, 1657, 1664.

[2] vgl. Begründung des Regierungsentwurfes, Ds. BT VII/3441 S. 40.

[3] Beschl. v. 13. 3. 1936, RGZ 150, 1 ff.; siehe oben II 5.

[4] Kohlmann S. 45; vgl. auch Göhler, Protokolle VII, 2799, 2796.

[5] Ds. BR 586/73 S. 5; zu dem Gesetzesvorschlag ausführlich unten, III 3 a).

festgestellt hat, aber aus irgendwelchen Gründen der Beweis für das Vorliegen einer Zwangslage etc. fehlgeschlagen ist, nicht schutzwürdig sein sollen, bleiben Kohlmann und der Bundesrat schuldig. Man könnte an Spekulationsgeschäfte oder an Käufe zu Liebhaberpreisen denken. Bei Verträgen dieser Art haben die Gerichte aber auch bei erheblichen Abweichungen von Kaufpreis und objektivem Wert ein auffälliges Mißverhältnis verneint[6]. Wenn man gleichwohl bei einer Streichung eine den Verkehr beeinträchtigende Rechtsunsicherheit befürchtet, wäre es zweckmäßiger, den Nachweis einer besonderen Ausbeutungslage auf Spekulationsgeschäfte und Käufe zu Liebhaberpreisen zu beschränken, also nach der Art der Geschäfte zu unterscheiden.

Schon Richard Schmidt bezeichnete 1906 den Versuch, die unwirtschaftlichen Eigenschaften des Schuldners zum Tatbestandsmerkmal zu erheben, zutreffend als eine „gesetzestechnische Selbsttäuschung"[7]. Es zwingt das Gericht zur Prüfung von Tatumständen, die im Grunde unwesentlich sind, „lenkt die Aufmerksamkeit des Gerichts von den wahrhaft wesentlichen Fragen der Prüfung und Subsumption ab und schwächt damit das Verantwortlichkeitsgefühl des Urteilenden"[8].

(1) Mit der Einfügung des Begriffs der „*Zwangslage*" ist der deutsche Gesetzgeber dem österreichischen Vorbild gefolgt[9]. Die Amtliche Begründung versteht unter Zwangslage „eine wirtschaftliche Bedrängnis, die zwar nicht die Existenz des Betroffenen bedroht, aber schwere wirtschaftliche Nachteile mit sich bringt" oder „Umstände anderer Art, (die) ein zwingendes Sach- oder Geldbedürfnis entstehen lassen"[10]. Die Überwindung der von der Rechtsprechung entwickelten Beschränkung des Wucherschutzes auf Fälle der Existenzbedrohung ist zu begrüßen.

Daß diese Einschränkung dem Begriff der „Notlage" keineswegs immanent war, zeigt ein Blick auf die Rechtsprechung zu Art. 157 Zif. 1 Abs. 1 Schweizer StGB. Das Schweizer Bundesgericht versteht unter Notlage jede Zwangslage, welche den Bewucherten in seiner Entschlußfreiheit dermaßen beeinträchtigt, daß er sich zu der wucherischen Leistung bereiterklärt[11]. Diese Definition gilt auch für Art. 21 OR[12].

Daß nicht jede Situation, die den Bewucherten veranlaßt hat, den Vertrag trotz der wucherischen Bedingungen abzuschließen, eine

---

[6] vgl. RG, Urt. v. 25. 2. 1909, JW 1909, 215; BGH, Urt. v. 28. 5. 1976, WPM 1976, 926, 927; OLG Kassel, Urt. v. 4. 1. 1929, JW 1929, 1893; OLG München, Urt. v. 27. 9. 1939, HRR 1940, Nr. 142.
[7] Schmidt, Vergleichende Darstellung des Strafrechts (1906), Bd. VIII S. 243.
[8] Schmidt, S. 243.
[9] siehe § 879 Zif. 4 ABGB, § 1 WucherG, unten, Anl. 2 a, b.
[10] Ds. BT VII/3441 S. 40.
[11] BG, Urt. v. 17. 11. 1944, BGE 70 IV, 200, 204; Urt. v. 28. 9. 1956, BGE 82 IV, 145, 150; Urt.v. 12. 7. 1966, BGE 92 IV, 132, 137.
[12] v. Büren OR AT S. 227.

1. Der Wuchertatbestand

Zwangslage ist, machte bereits die Amtliche Begründung deutlich. Die Rechtsprechung zu § 879 Zif. 4 ABGB definiert Zwangslage als eine Situation, in dem die besonderen Verhältnisse dem Bewucherten nur die Wahl lassen, auf einen drückenden Vertrag einzugehen oder einen noch größeren Nachteil zu erleiden[13].

Weiterhin unberücksichtigt bleiben alle Verträge, die das Streben des Verbrauchers nach Anpassung an den allgemein gestiegenen Lebensstandard ausbeuten. Wer in der Konsumgesellschaft einen Fernsehapparat oder einen Kraftwagen kaufen möchte, ohne dafür zur Zeit das erforderliche Geld zu besitzen, sollte auch vor Ausbeutung durch Kreditwucherer geschützt werden[14]. Der neue Begriff der „Zwangslage" gewährt diesen Schutz nicht.

(2) Unverändert geblieben ist das Merkmal der „Unerfahrenheit". Dieser Begriff könnte den Ansatz für einen umfassenden Schutz des Verbrauchers vor Übervorteilung bieten, wenn man, wie dies in einigen Entscheidungen der Untergerichte anklingt[15], darunter das Fehlen derjenigen Information über den konkreten Vertragsgegenstand versteht, die für eine optimale Entscheidung erforderlich ist. Diese Definition würde dem Informationsgefälle Rechnung tragen, das zwischen dem gewerblichen Anbieter und dem Verbraucher besteht und von unseriösen Händlern ganz bewußt durch den Einsatz massiver, aber nichtssagender Werbung, das Herausstellen von Nebensächlichkeiten, das Verschleiern der Preishöhe, das Verleiten zu spontanen, unüberlegten Kaufentschlüssen und durch viele andere Tricks aufrechterhalten und zur Durchsetzung überhöhter Preise ausgenutzt wird[16]. Angesichts der Schwierigkeiten bei der Bewertung technischer Geräte — man denke nur an den Kauf eines Gebrauchtwagens — erweist sich die Prämisse des BGH, der Durchschnittsbürger sei in jeder Hinsicht erfahren und brauche daher nur vor vorsätzlicher Täuschung geschützt zu werden[17], als unzutreffend.

(3) Die Lücke könnte durch den neu eingefügten Schutz des „Mangels an Urteilsvermögen" geschlossen werden. Dieser Begriff umfaßt neben dem Fehlen der Fähigkeit, sich durch vernünftige Beweggründe leiten zu lassen, auch die Unfähigkeit, die beiderseitigen Leistungen und die wirtschaftlichen Folgen des Geschäftsabschlusses richtig zu be-

---

[13] OGH Wien, Urt. v. 3. 6. 1930, ZentrBl. 1930, Nr. 267; RG, Urt. v. 10. 12. 1941, RGZ 168, 108, 111; OGH, Urt. v. 31. 1. 1963, EvBl. 163 Nr. 227.
[14] Kohlmann S. 33.
[15] siehe oben, II 7 b (4).
[16] Für eine verstärkte Berücksichtigung des wirtschaftlichen Ungleichgewichts und des Informationsmangels hat sich im Sonderausschuß wiederholt von der Leye ausgesprochen, Protokolle VII, 2796, 2797, 2799, 2801.
[17] vgl. BGH, Urt. v. 4. 4. 1959, BGHSt 13, 233, 234.

werten[18]. Allerdings hat die Regierung schon während des Gesetzgebungsverfahrens keinen Zweifel daran gelassen, daß der Mangel an Urteilsvermögen im allgemeinen die Folge einer Verstandesschwäche sein wird und daher bei einem durchschnittlichen Menschen ausgeschlossen ist[19]. Während Lackner diese Einschränkung übernommen hat[20], betont Heinrichs, daß auch dem Durchschnittsbürger im Einzelfall, insbesondere bei schwierigen oder unklar ausgestalteten Geschäften das erforderliche Urteilsvermögen fehlen kann[21]. Welchen Weg die Rechtsprechung gehen wird, bleibt abzuwarten.

(4) Das Gesetz nennt schließlich die *erhebliche Willensschwäche*. Der Regierungsentwurf schlug die Willensschwäche noch in jeder Form vor und verstand darunter eine verminderte Widerstandsfähigkeit in der Person oder dem Wesen des Bewucherten[22]. Während des Gesetzgebungsverfahrens wurde deutlich, daß dieses konturenlose Merkmal den verschiedensten Interpretationen zugänglich war[23]. Um zu verhindern, daß beispielsweise die von der Werbung im Wirtschaftsleben ausgehenden „Verführungen" bereits die Berufung auf Wucher zulassen[24], beschränkte der Bundestag auf Vorschlag des Sonderausschusses den Begriff auf „erhebliche Willensschwäche".

Die Einschränkung ist zu bedauern. Die bisherige vorsichtige Handhabung des Wuchertatbestandes in der Rechtsprechung gab keinen Anlaß zu der Annahme, die Gerichte würden z. B. bereits den Verkauf von werbemäßig herausgestellter, gut kalkulierter Ware in Selbstbedienungsläden als Wucher bezeichnen. Mit dem Verbot der Ausbeutung von Willensschäche sollte aber nicht nur die krankhaft verminderte Widerstandsfähigkeit (Alkohol-, Drogensüchtige) erfaßt[25], sondern der Konsument auch vor Ausbeutung durch unseriöse Werbe- und Verkaufspraktiken geschützt werden[26]. Für die Schutzwürdigkeit kommt es dabei weniger auf die besonders geringe Widerstandsfähigkeit, als viel-

---

[18] Amtliche Begründung, Ds. BT VII/3441 S. 41.
[19] ausdrücklich Göhler, Protokolle VII, 2799; vgl. Amtl. Begr.. Ds. BT VII/3441 S. 41. Die wenigen Fälle der Ausbeutung geistig Beschränkter sind in der Zivilrechtsprechung seit jeher durch einen Erst-recht-Schluß zu § 138 Abs. 2 BGB gelöst worden, vgl. RG, Urt. v. 12. 2. 1908, RGZ 67, 393 f.; Urt. v. 19. 10. 1909, RGZ 72, 61, 68.
[20] § 302 a StGB Anm. 4.
[21] Palandt/Heinrichs § 138 BGB Anm. 4 a.
[22] Ds. BT VII/3441 S. 41.
[23] vgl. Protokolle VII, 2799—2802.
[24] Bericht, Ds. BT VII/5291 S. 20.
[25] so aber Göhler, Protokolle VII, 2799 f., 2800 f., und Sturm, Protokolle VII, 2800.
[26] Zum Problem der Wirksamkeit der durch unlautere Werbung zustandegekommenen Verträge allgemein vgl. Baumbach/Hefermehl § 1 UWG Anm. 679, Sack, WPR 1974, 445 ff. jeweils m. w. N.

mehr auf die Intensität der Manipulation an. Einen psychologischen Kaufzwang im Sinne des Wettbewerbsrechts begründen nur diejenigen Maßnahmen, die geeignet sind, den normal empfindenden Durchschnittsmenschen zu manipulieren[27]. Die Beschränkung des Wuchertatbestandes auf die Ausbeutung erheblicher Willensschwäche verweigert dem Durchschnittsverbraucher, der unter psychologischem Zwang eine Ware zu einem auffällig überhöhten Preis gekauft hat, jeden Schutz. Da eine analoge Anwendung des § 138 Abs. 2 BGB, wie sie für das frühere Recht von Sack vorgeschlagen wurde[28], angesichts des erklärten Willens des Gesetzgebers wohl ausgeschlossen ist, stellt die neue Fassung in diesem Punkt sogar eine Verschlechterung dar.

b) Ein wesentlicher Grund für die Ineffizienz des Wucherverbotes ist das Erfordernis, dem Wucherer vorsätzliches Handeln nachweisen zu müssen.

Die einschlägigen Kreise vermeiden mit viel Geschick jeden Anschein, der auf eine Kenntnis von der bedrängten Lage des Schuldners schließen läßt. Beispielsweise wird beim Wucherkredit regelmäßig eine schriftliche „Selbstauskunft" gefordert, in der der Kreditsuchende, um überhaupt ein Darlehen zu erlangen, seine Lage häufig übertrieben optimistisch darstellt. Damit hat der Kreditgeber neben der Möglichkeit, seinen Schuldner durch die Drohung mit einer Betrugsanzeige unter Druck setzen zu können, gleichzeitig den schriftlichen Beweis, daß er die Vermögensverhältnisse seines Schuldners für geordnet halten konnte[29].

Kohlmann schlug deshalb vor, in bezug auf die Ausbeutungslage leichtfertiges Handeln des Wucherers ausreichen zu lassen[30]. Während die Sachverständigenkommission dem Vorschlag noch mit knapper Mehrheit folgte[31], behielt der Regierungsentwurf die frühere Schuldform bei.

Die Diskussion über die Erweiterung des subjektiven Tatbestandes machte die gegensätzlichen Standpunkte deutlich. Die einen meinten, eine Reform, die an den grundlegenden Beweisschwierigkeiten beim Nachweis der Ausbeutung nichts ändere, könne den Namen „Reform" nicht beanspruchen. Auch wer unangemessene Vorteile anstrebe und dabei leichtfertig übersehe, daß sein Vertragspartner sich in einer Zwangslage befinde, sei strafwürdig[32]. Die Gegenmeinung wies auf die Gefahr einer Ausuferung des Strafrechts hin. Die Bestrafung leichtfertigen oder fahrlässigen Wuchers ziele nicht nur darauf ab, den Wuche-

---

[27] Baumbach/Hefermehl § 1 UWG Anm. 55.
[28] Sack, WPR 1974, 445, 450.
[29] Kohlmann S. 10.
[30] S. 50.
[31] vgl. Kommissionsbericht S. 119.
[32] Kommissionsbericht S. 116.

rer von der Tat abzuhalten, sondern mache ihn bis zu einem gewissen Grade zum „Hüter des Vermögens des Bewucherten"[33].

Die Diskussion krankt — wie die gesamte Reform — an der Überbetonung des strafrechtlichen Wucherschutzes. Eine auf § 138 Abs. 2 BGB beschränkte Erweiterung der Ausbeutung auf leichtfertiges oder sogar fahrlässiges Verhalten ist nicht erwogen worden.

Daß der Begriff der Ausbeutung nicht bereits seinem Wortlaut nach auf bewußte Ausnutzung einer mißlichen Lage beschränkt ist, zeigt die österreichische Rechtsprechung. Schon 1926 entschied der OGH, der Wucherer brauche nicht positiv zu wissen, daß er seine Stellung gegenüber dem Kreditnehmer mißbrauche. Zur Ausbeutung genüge es auch, wenn der Wucherer aus den Umständen Bedenken schöpfen mußte, daß sein Vertragspartner unter Zwang etc. handelte[34].

Eine Erweiterung des zivilrechtlichen Wucherschutzes auf fahrlässige Ausbeutung wäre zu begrüßen[35]. Für die Schutzwürdigkeit des Schuldners ist es gleichgültig, ob der Gläubiger die bedrängte Lage seines Vertragspartners kannte oder nicht. Lediglich „aus Versehen" ausgebeutet zu sein, ist dem Bewucherten kein Trost. Andererseits stellt der Hinweis auf eine schuldhafte Ausbeutung sicher, daß den Gläubiger die Rechtsfolgen des Wuchers nicht unvorhersehbar treffen können.

Allerdings würde die Erweiterung des Wucherverbots über vorsätzliche Ausbeutung hinaus dem Gläubiger eine gewisse Informations- und Sorgepflicht auferlegen. Eine Pflicht, bei den Vertragsverhandlungen auch für den Schutz der Interessen des Vertragspartners Sorge zu tragen, ist dem Bürgerlichen Recht aber nicht neu. In einer Reihe von Entscheidungen hat die Rechtsprechung wiederholt hervorgehoben, daß der geschäftserfahrenere Vertragsteil zur Aufklärung über besondere Risiken und Nachteile verpflichtet sei und ein Verstoß hiergegen auch die Unwirksamkeit des Vertrages zur Folge haben könne[36].

So muß eine Teilzahlungsbank den Kreditnehmer über die Gefahren aufklären, die sich beim finanzierten Abzahlungskauf aus der Aufspaltung des Geschäfts insbesondere im Hinblick auf unrichtige Empfangsbescheinigungen ergeben[37]. Beim Verkauf von EDV-Lehrgängen muß der Verkäufer den Kunden über die Anforderungen des Programmes sowie die Berufsaussichten informieren und seine Eignung prüfen[38]. Eine Aufklärungspflicht über die

---

[33] Tröndle, Protokolle VII, 2564; vgl. Göhler, Protokolle VII, 2796; siehe ferner Kommissionsbericht S. 116 f.
[34] OGH, Urt. v. 1. 6. 1926, SZ 8 Nr. 181 (S. 467, 468); ebenso OGH, Urt. v. 12. 5. 1971, SZ 44 Nr. 71 (S. 255, 261).
[35] Gesetzestechnisch bedarf es nur der Einfügung des Wortes „schuldhaft" vor „ausbeutet".
[36] ausführlich Hartwig, JuS 1973, 733 ff., 737 ff.
[37] BGH, Urt. v. 17. 11. 1960, BGHZ 33, 293, 296 ff.; Urt. v. 20. 2. 1967, BGHZ 47, 208, 211; Urt. v. 20. 2. 1967, BGHZ 47, 217, 222.
[38] LG Frankfurt, Urt. v. 14. 7. 1970, BB 1970, 943, 944; OLG Stuttgart, Urt.

1. Der Wuchertatbestand

tatsächlichen Gewinnaussichten und Risiken statuieren auch zwei Entscheidungen zu Automatenkaufverträgen[39]. In zahlreichen Urteilen zum Kaufrecht hielt der BGH die Beteiligten nach Treu und Glauben für verpflichtet, dem Vertragspartner solche Tatsache zu offenbaren, die für dessen Entscheidung erkennbar von Bedeutung sein können[40]. Auch bei anderen Vertragsarten bejahte das Gericht eine Aufklärungspflicht[41].

Die Durchbrechung des Grundsatzes pacta sunt servanda findet in diesen Entscheidungen ihre Rechtfertigung in der Unkenntnis oder Unerfahrenheit des einen Vertragspartners in bezug auf den Vertragsgegenstand. Da der Vertragsabschluß keinen auch nur annähernd angemessenen Interessenausgleich zwischen den Parteien herbeiführen konnte, wurde eine Pflicht zur Aufklärung aufgestellt, die das Informationsgefälle zwischen den Parteien beseitigen und „gerechte" Verträge ermöglichen sollte. Wenn es für den Schutz des Irrenden und Geschäftsunerfahrenen nicht mehr auf den Nachweis einer bewußten Täuschung ankommt, sondern auch Fahrlässigkeit ausreicht[42], ist es nur konsequent, den gleichen Schutz auch dem unter Zwang oder aus Willensschwäche Handelnden zukommen zu lassen.

Die Erweiterung des Wucherschutzes auf fahrlässige Ausbeutung würde nicht das grundsätzlich zulässige Streben nach Gewinnmaximierung unmöglich machen und auch nicht die Sicherheit des Rechtsverkehrs beeinträchtigen. Eine Pflicht, sich über die Lage seines Vertragspartners zu informieren, trifft nur denjenigen, der objektiv überhöhte Preise fordert. Die Möglichkeit, einen besonders hohen Gewinn zu erzielen, ist ein wichtiges Stimulanz der gesamten Wirtschaft und darf auf keinen Fall — etwa durch eine allgemeine Gewinnbeschränkung — ausgeschlossen werden. Wer nach besonders hohem Gewinn strebt, soll diesen aber im Geschäft mit gleichstarken Vertragspartnern und nicht auf Kosten wirtschaftlich Unterlegener suchen. Daß die Anforderungen an die Nachforschungspflicht nicht überspannt werden, kann man getrost den Gerichten überlassen.

---

v. 20. 11. 1970, MDR 1971, 216; weitere unveröffentlichte Entscheidungen bei Hartwig, JuS 1973, 738 Fn. 46.

[39] OLG Frankfurt, Urt. v. 5. 3. 1963, NJW 1964, 256, 257; OLG Hamm, Urt. v. 25. 7. 1962, MDR 1963, 48, 49.

[40] BGH, Urt. v. 28. 4. 1971, NJW 1971, 1795, 1799; Urt. v. 8. 10. 1954, JZ 1955, 19; Urt. v. 12. 11. 1969, NJW 1970, 653, 655; Urt. v. 5. 1. 1960, NJW 1960, 720, 721; Urt. v. 5. 4. 1967, LM (Fa) Nr. 21 zu § 276 BGB m. w. N. vgl. schon RG, Urt. v. 27. 3. 1906, RGZ 62, 149, 151.

[41] z. B. BGH, Urt. v. 4. 7. 1956, BB 1956, 938 (Aufklärung über den Wert einer Sicherheit); Urt. v. 16. 4. 1959, MDR 1959, 553 (Aufklärung über den Umfang des Versicherungsschutzes, wenn die Vorstellungen des Versicherungsnehmers erkennbar unrichtig sind); siehe auch LG Frankfurt, Urt. v. 20. 6. 1969, BB 1969, 848, 849 (Aufklärung von Flugreisenden, wenn wegen eines Streiks die Gefahr besteht, daß der Flug ausfällt).

[42] ausdrücklich BGH, Urt. v. 31. 1. 1962, NJW 1962, 1196, 1198; Urt. v. 28. 2. 1968, NJW 1968, 986, 987.

c) Die entscheidende Voraussetzung des Wucherverbots ist die Feststellung des auffälligen Mißverständnisses. Die Reform hat zur Konkretisierung dieses Merkmales nichts beigetragen[43]. Bereits die Sachverständigenkommission lehnte den Vorschlag, die Handhabung des Wucherverbots durch Einführung von Regelbeispielen für auffällige Mißverhältnisse zu vereinfachen, ab, weil die Bildung von Regelfällen für alle Bereiche des neuen Tatbestandes kaum möglich sei und die flexible Anwendbarkeit des Gesetzes dadurch behindert werde[44]. Die Kommission lehnte es auch ab, auf das Merkmal der Auffälligkeit zu verzichten, da es nicht Aufgabe der Wuchervorschrift sei, eine weitgehende Vertragsgerechtigkeit zu gewährleisten, sondern nur besonders auffällige schwerwiegende Abweichungen zu verhindern[45].

Einen anderen Weg ging der Alternativentwurf[46]. Er ersetzte den Begriff des „auffälligen Mißverhältnisses" durch den des „groben Mißverhältnisses"[47] und bezeichnete in Abs. 3 Zif. 4 als schweren Fall des Wuchers des Versprechen- oder Gewährenlassen von Vermögensvorteilen, die den Wert der eigenen Leistung um mehr als 50 % übersteigen.

Auch wenn die Maximalgrenze von 50 % kaum allen denkbaren Fällen gerecht werden würde[48], ist der Versuch des Alternativentwurfes, das auffällige Mißverhältnis zu konkretisieren, begrüßenswert. Die Effizienz des Wucherverbotes ließe sich erheblich verbessern, wenn man neben dem generalklauselartigen allgemeinen Wucherverbot bei den Geschäftsarten, die für wucherische Ausbeutung besonders geeignet sind, spezielle Begrenzungen einführt.

d) Ohne Vorbild im Strafrecht ist die Additionsklausel des § 302 a Abs. 1 S. 2 StGB. Kohlmann schlug vor, ausdrücklich festzustellen, daß bei der Tätigkeit mehrerer Personen für das auffällige Mißverhältnis die Summe aller vom Schuldner zu erbringenden Leistungen ausschlaggebend ist. Kohlmann wollte damit besonders die Kreditfälle strafrechtlich erfassen, in denen die vom Schuldner zu erbringende Leistung auf verschiedene Personen — Kreditvermittler, Kreditgeber, Versicherung — aufgeteilt wird und jede Einzelleistung unterhalb der Wucher-

---

[43] Der Gesetzgeber strich lediglich aus § 302 a StGB die Bezeichnung „üblicher Zinsfuß" und ließ den Hinweis auf die „Umstände des Falles" als Selbstverständlichkeit weg.
[44] Kommissionsbericht S. 105 ff.; vgl. Göhler, Protokolle VII, 2802.
[45] Kommissionsbericht S. 103.
[46] Anlage, Protokolle VII, 2607.
[47] Die Verfasser des Alternativentwurfes sahen darin eine Einschränkung der Strafbarkeit, vgl. Tiedemann, ZRP 1976, 49, 54.
[48] Bei Sachwucher — ausgenommen Mietwucher — nimmt die Rechtsprechung ein auffälliges Mißverhältnis erst ab frühestens 100 % an, siehe oben, II 7 a), Text zu Fn. 10—13.

1. Der Wuchertatbestand

grenze liegt[49]. Die Additionsklausel des Regierungsentwurfes[50] stieß im Sonderausschuß auf Widerstand. Man fürchtete, daß auch derjenige bestraft werden könnte, der für seine Leistung nur das angemessene fordert[51]. Aus diesem Grund schlug der Sonderausschuß dem Bundestag vor, als weitere Einschränkung wenigstens die Erzielung eines übermäßigen Vermögensvorteils zu verlangen[52]. Auf eine Übernahme der Additionsklausel in das Zivilrecht verzichtete der Gesetzgeber aus „gesetzestechnischen Gründen" schließlich völlig[53].

Fraglich ist bereits, ob die Additionsklausel zur Lückenschließung überhaupt erforderlich war. Wenn eine einheitliche Leistung, die in einem auffälligen Mißverhältnis zur Gegenleistung steht, aufgeteilt wird, ist es logisch ausgeschlossen, daß nicht wenigstens eine Teilleistung den § 302 a Abs. 1 S. 1 StGB erfüllt. Weitaus wichtiger wäre die Beantwortung der Frage gewesen, ob es sich bei der Kreditvermittlung, Kreditvergabe und Kreditversicherung wirklich um die Aufteilung eines einheitlichen Geschäfts oder um selbständige Leistungen gegenüber dem Schuldner handelt, die höhere Kosten als bei einem unvermittelten und unversicherten Darlehen rechtfertigen. Auf diesen Problemkreis ist der Gesetzgeber nicht eingegangen[54].

Mit Sicherheit eignet sich die Additionsklausel in ihrer jetzigen Form nicht zur wirksameren Bekämpfung des Kredit- und Kreditvermittlungswuchers. Selbständige Anwendung findet die Additionsklausel nur, wenn die angestrebten Vermögensvorteile nicht wucherisch, sondern nur „übermäßig" sind. Ob die gerichtliche Praxis zwischen beiden Begriffen einen nennenswerten Unterschied machen wird, bleibt abzuwarten. Neben der Ausnutzung der Zwangslage oder der sonstigen Schwäche des anderen zur Erzielung eines übermäßigen Vermögensvorteils muß das Gericht dem Angeklagten auch beweisen, daß er das auffällige Mißverhältnis zwischen sämtlichen Vermögensvorteilen und Gegenleistungen gekannt hat. Wenn schon der Nachweis der bisherigen Wuchervoraussetzungen praktisch kaum möglich war, so ist ein Tatbestand, der darüber hinaus noch Kenntnis von den Preisforderungen anderer Mitwirkender verlangt, erst recht ineffizient.

---

[49] S. 50 ff., 57.
[50] Ds. BT VII/3441 S. 8, 40.
[51] vgl. Protokolle VII, 2805 ff.; Stellungnahme des Wirtschaftsverbandes der Teilzahlungsbanken, Protokolle VII, 2628; Stellungnahme des Bundesrates, Ds. BT VII/3441 S. 52.
[52] vgl. Ds. BT VII/5291 S. 20 f.
[53] Müller-Emmert/Maier, NJW 1976. 1664.
[54] dazu ausführlich unten, III 3 c).

e) Zusammenfassend läßt sich feststellen:

— Bei der Reform des Wucherparagraphen ist die Frage einer ersatzlosen Streichung der Ausbeutungsmerkmale, wie sie gerade im Hinblick auf den Beschluß des Reichsgerichts in Zivilsachen vom 13. 3. 1936 nahegelegen hätte, nicht näher geprüft worden. Der Gesetzgeber hat sich mit einer Neuformulierung der Ausbeutungsmerkmale begnügt, die es der Rechtsprechung ermöglicht, von ihrer bisherigen restriktiven Auslegung abzugehen. Ob die Gerichte von dieser Möglichkeit auch Gebrauch machen werden, ist aber keineswegs sicher.

— Der Gesetzgeber konnte sich nicht zu einer Erweiterung des Schutzes vor Ausbeutung durch leichtfertiges Handeln durchringen. Allein die Notwendigkeit, dem Wucherer auch weiterhin Vorsatz nachweisen zu müssen, schließt eine wesentliche Verbesserung des Wucherschutzes aus. Eine Erweiterung des zivilrechtlichen Wucherschutzes auf fahrlässige Ausbeutung wäre zu begrüßen.

— Der Gesetzgeber hat es versäumt, konkrete Angaben darüber zu machen, ab wann spätestens der Schutz vor überhöhten Preisen einsetzen soll. Angesichts der uneinheitlichen Rechtsprechung zum auffälligen Mißverhältnis bleibt jede Klage des Bürgers wegen Wucher auch weiterhin ein va-banque-Spiel. Die Effizienz des Wucherverbots ließe sich erheblich verbessern, wenn man neben dem generalklauselartigen allgemeinen Wucherverbot bei den Geschäftsarten, die für wucherische Ausbeutung besonders geeignet sind, spezielle Begrenzungen einführt.

— Die Additionsklausel, mit der eine Ausdehnung des Strafrechtsschutzes bezweckt war, wird in der Wucherbekämpfung keine nennenswerte Rolle spielen, da sie zu den übrigen, nur schwer zu beweisenden subjektiven Tatbestandsvoraussetzungen zusätzlich Kenntnis von den Forderungen der anderen Mitwirkenden verlangt.

2. Zivilrechtliche Sanktionen

Besondere Bedeutung bei der Wucherbekämpfung haben die zivilrechtlichen Sanktionen. Im Gegensatz zu den straf- und verwaltungsrechtlichen Folgen sollen sie den Ausgebeuteten in die Lage versetzen, die drohenden oder bereits eingetretenen Vermögensnachteile aus eigener Kraft abzuwenden. Alle Formen der zivilrechtlichen Wucherbekämpfung schließen daher die Rechtswirksamkeit des Geschäfts ganz oder teilweise aus.

Der deutsche Gesetzgeber hat ln § 138 Abs. 2 BGB Nichtigkeit des gesamten Vertrages angeordnet[1]. Nach ganz überwiegender Meinung ist

2. Zivilrechtliche Sanktionen

angesichts des Wortlautes der Norm eine Herabsetzung des Preises durch richterlichen Gestaltungsakt nicht möglich und eine Aufrechterhaltung des wucherischen Vertrages zu angemessenen Bedingungen ausgeschlossen[2]. De lege ferende wird partielle Nichtigkeit oder Anfechtbarkeit als zweckmäßigere Rechtsfolge vorgeschlagen[3].

Gegenüber den zivilrechtlichen Wuchersanktionen im Ausland hebt sich die Regelung des § 138 Abs. 2 BGB als besonders starr und weitgehend ab.

Art. 21 Schweizer Obligationenrecht (OR) gewährt dem Bewucherten das Recht, den Vertrag innerhalb eines Jahres nach Vertragsschluß anzufechten. Entsprechend Wortlaut und Entstehungsgeschichte der Norm läßt die herrschende Meinung nur die Anfechtung des Vertrages insgesamt zu[4]. Zwar bietet diese Rechtsfolge Schutz vor einer Vertragsvernichtung gegen den Willen des Bewucherten, läßt ihm aber gleichzeitig nur die Wahl, den Vertrag zu erfüllen oder den Vertragsgegenstand zu verlieren. Den Interessen des Ausgebeuteten, der möglicherweise in einer Zwangslage gehandelt hat und bei (vorzeitigem) Verlust der Leistung wieder in Bedrängnis kommen würde, wird diese Alternative nicht gerecht[5]. Aus diesem Grund mehren sich die Stimmen, die eine Beschränkung der Anfechtung auf den wucherischen Teil des Entgelts für möglich halten[6]. Bloß teilweise Nichtigkeit nimmt die Recht-

---

[1] siehe oben, II 2, Text zu Fn. 9.
[2] RG, Urt. v. 8. 2. 1908, SeuffA 63, Nr. 147; BGH, Urt. v. 30. 5. 1958, NJW 1958, 1772; Urt. v. 12. 7. 1965, BGHZ 44, 158, 162; Urt. v. 21. 3. 1977, NJW 1977, 1233, 1234; OLG Celle, Urt. v. 18. 12. 1958, NJW 1959, 1971, 1972; OLG München, Urt. v. 28. 9. 1966, NJW 1966, 836, 838; Palandt/Heinrichs § 138 Anm. 4 b; Erman/Westermann § 138 Rdz. 7, 69; Soergel/Siebert/Hefermehl § 138 Rdz. 29; Staudinger/Coing § 138 Rdz. 21 a, 37, 41; Flume § 18, 9 (S. 389); Enneccerus/Nipperdey § 192 III 3 (S. 1179); v. Tuhr II 2, § 70 IV Anm. 130 (S. 42); Esser, SchR BT, § 103 IV 1 (S. 360); Sandrock, AcP 159 (1956/60), 539; Pierer v. Esch S. 61; Roquette, S. 29; Lang S. 87; Eccius, DJZ 1903, 42; Neubecker, DJZ 1902, 569; Krampe JZ 1975, 576; Hedler, Diss. Halle (1913), S. 19 ff.; Eichler, Diss. Leipzig (1908), S. 5 ff.; Calé, Diss. Heidelberg (1908), S. 14 ff.;
offen gelassen bei RG, Urt. v. 30. 6. 1939, RGZ (GS) 161, 52, 55; RGRK-BGB (Krüger-Nieland) § 138 Anm. 10;
a. A. Hellmann, Vorträge (1897) S. 128; Eckstein, ArchBürgR. 41 (1915), 230 f.; Lehmann, Wucherbekämpfung (1917) S. 62 f.; Lux, LZ 1919, 566; Nolden, Diss. Köln (1939), S. 57; Hoff, AcP 156 (1957), 506 f.; Lehmann-Hübner § 29 IV 4 (S. 203); vgl. Herrmann, MDR 1959, 116; vgl. OLG Stuttgart, Urt. v. 21. 11. 1974, JZ 1975, 572 ff., das einen nach § 138 Abs. 1 BGB nichtigen wucherähnlichen Vertrag durch Umdeutung teilweise aufrechterhielt.
[3] Staudinger/Coing § 138 Rdz. 21 a; Enneccerus/Nipperdey § 192 III 3 Anm. 20 (S. 1179); v. Tuhr II 2, § 70 IV (S. 43); Reichel, DJZ 1913, 150; ders., LZ 1917, 655; vgl. RGZ 123, 102, 105.
[4] AppG Baselstadt, Urt. v. 25. 4. 1927, SJZ 25, Nr. 139; AppG Basel, Urt. v. 11. 7. 1956, SJZ 52, Nr. 155; Guhl § 7 III (S. 56); Oser/Schönenberger, Rdz. 16 zu Art. 21.
[5] Spiro, ZBJV 88 (1952), 520; Franke S. 170; Schweingruber S. 208.
[6] Franke S. 170; v. Büren, AT, § 4 A IV 5 f. (S. 229); Schweingruber S. 206; Kittelmann, Diss. Zürich (1919), S. 109; offengelassen von BG, Urt. v. 14. 2. 1958, BGE 84 II, 107, 113; Urt. v. 21. 6. 1966, BGE 92 II, 168, 179; zu weitge-

sprechung bereits heute bei wucherischen Krediten an. Die Überschreitung der in Art. 1 des Interkantonalen Konkordats festgesetzten Höchstgrenze von 18 % führt nach Art. 20 OR lediglich zur Nichtigkeit der Zinsvereinbarung[7]. An ihre Stelle tritt gemäß Art. 20 Abs. 2 OR der zulässige Höchstzinssatz[8].

Nach § 879 Abs. 2 Zif. 4 des österreichischen ABGB ist das wucherische Rechtsgeschäft nichtig. Die Rechtsprechung und das überwiegende Schrifttum nehmen unter Hinweis auf § 8 Abs. 1 S. 1 WucherG[9] bloße Anfechtbarkeit des Vertrages an[10]. Wegen § 7 S. 1 WucherG, der als Rechtsfolge die Rückgabe aller aus dem nichtigen Vertrag erhaltenen Vorteile anordnet, wird eine nur teilweise Nichtigkeit allgemein abgelehnt[11]. Im Ergebnis entspricht daher das österreichische Recht der schweizerischen Sanktion. Für Kredite gegen Sicherstellung auf Liegenschaften, auf fortlaufende Bezüge oder auf Ansprüche aus Lebensversicherungsverträgen gilt die Verordnung gegen die Ausbeutung Kreditsuchender vom 17. 3. 1933, die in § 4 Teilnichtigkeit anordnet[12].

Eine abweichende Regelung findet sich im italienischen Recht. Gemäß Art. 1447 Abs. 1, 1448 Abs. 1 Codice Civile (CC) kann der Schuldner beantragen, den Vertrag rückgängig zu machen[13]. Der Rücktritt ist aber ausgeschlossen, wenn der Wucherer eine Abänderung des Vertrages auf billige Bedingungen anbietet, Art. 1450 CC. Ein Wahlrecht des Wucherers[14], wie es sich bereits in der römischen laesio enormis findet, verkehrt den Schutzzweck des Wucherverbots geradezu in sein Gegenteil: Nachdem der Ausgebeutete mit Erhebung der Klage auf Rückabwicklung des Vertrages zu erkennen gegeben hat, daß er von dem Vertrag insgesamt loskommen will, soll es nun in das Belieben des Wucherers gestellt sein, den Vertrag teilweise aufrechtzuerhalten. Die Rechtsfolgen des Wucherkredits sind in Art. 1815 Abs. 2 CC geregelt. Der Darlehensvertrag bleibt unberührt; an die Stelle der wucherischen treten die gesetzlichen Zinsen[15].

Das französische Recht kennt kein zivilrechtliches Wucherverbot[16]. Lediglich dem Verkäufer eines Grundstücks steht nach dem Vorbild der römischen laesio enormis das Recht zu, den Vertrag rückgängig zu machen, wenn er weniger als 5/12 des Wertes erhalten hat, Art. 1674 Code Civil (Cc). Der Käufer kann die Rückabwicklung des Vertrages durch Erhöhung des Kaufpreises abwenden, Art. 1681 Cc. Die Bekämpfung von Wucherdarlehen ist auch in Frankreich spezialgesetzlich geregelt. Nach Art. 5 des Gesetzes Nr. 66—1010

---

hend Spiro, ZBJV 88 (1952), 520, der Teilnichtigkeit auch gegen den Willen des Bewucherten annehmen will.

[7] vgl. BG, Urt. v. 16. 11. 1954, BGE 80 II, 327, 334; Urt. v. 1. 4. 1967, BGE 93 II, 189, 192.

[8] BG, Urt. v. 1. 4. 1967, BGE 93 II, 189, 192.

[9] siehe unten, Anl. 2 b.

[10] OGH, Urt. v. 7. 12. 1927, ZentrBl. 1928, Nr. 120; Urt. v. 20. 3. 1968, EvBl. 1968, Nr. 395.

[11] OGH, Urt. v. 4. 2. 1964, EvBl. 1964, Nr. 318; Urt. v. 28. 4. 1965, EvBl. 1965, Nr. 340; Klang/Gschnitzer § 879 Anm. II L 3 (S. 208).

[12] siehe unten, Anl. 2 c.

[13] siehe unten, Anl. 5.

[14] Ein Wahlrecht des Wucherers im deutschen Recht nimmt Herzog, Diss. Göttingen (1926), S. 157 an.

[15] nach Art. 1284 Codice Civile 5 %.

[16] vgl. Art. 118 Code Civil.

2. Zivilrechtliche Sanktionen

vom 28.12.1966[17] tritt anstelle der wucherischen die Verpflichtung zur Zahlung der vom Nationalen Kreditrat veröffentlichten normalen Zinsen. Die normalen Zinsen bestimmen sich gemäß Art. 1 Abs. 1 nach dem durchschnittlichen Zinssatz, mit dem die eingetragenen Geldinstitute und Banken bei Geschäften gleicher Art mit ähnlichen Risiken im Quartal vor Vertragsabschluß gearbeitet haben.

Auch Großbritannien hat bisher eine gesetzliche Regelung nur für den Kreditwucher getroffen. An die Stelle der bisherigen Moneylenders Acts von 1900 und 1927 sind nun die §§ 137 ff. des Consumer Credit Act getreten. Im Gegensatz zu den bisherigen Sanktionen ist das Gericht in der Wahl der Rechtsfolgen weitgehend frei. Nach § 139 Abs. 2 kann es die Verpflichtung des Schuldners ganz oder teilweise verwerfen, ganz oder teilweise Rückerstattung des bereits Geleisteten anordnen oder die Bedingungen des Kreditvertrages ändern[18].

Neben § 138 Abs. 2 BGB bietet auch das Recht, Darlehen zu mehr als 6 % Zinsen p. a. nach sechs Monaten mit einer Frist von weiteren sechs Monaten kündigen zu können (*§ 247 Abs. 1 BGB*), dem Darlehensnehmer in einem gewissen Umfang die Möglichkeit, sich vor überhöhten Zinsen zu schützen. § 247 BGB hat gegenüber dem Wucherverbot den Vorteil, daß die Voraussetzungen der Kündigung eindeutiger bestimmt sind[19]. Dagegen bereitet die Berechnung der Kreditzinsen, die infolge der vorzeitigen Beendigung des Vertragsverhältnisses erspart worden sind, einige Schwierigkeiten.

Teilweise wird vertreten, daß der Schuldner, sobald er das von ihm aufgenommene Kapital nach § 247 BGB kündigt, nur verpflichtet sei, für die Darlehenslaufzeit bis zur Kündigung den vereinbarten monatlichen Zinsfuß, berechnet auf das Anfangskapital, zu zahlen[20]. Hierbei bleibt aber unberücksichtigt, daß es sich bei dem monatlichen Zinsfluß nur um einen Rechnungsposten handelt. Ersparte wie verbrauchte Zinsen können nur nach dem effektiven Jahreszins, d. h. nach den für die Überlassung des Kredites geschuldeten Kosten im Verhältnis zum überlassenen Kapital berechnet werden. Da der noch nicht getilgte Kapitalbetrag im ersten Jahr am größten ist, werden in diesem Zeitraum auch mehr Kreditgebühren als in den folgenden Jahren verbraucht[21]. Was an Zinsen letztlich erspart wird, ist daher weit geringer, als es die Verkürzung der Kreditlaufzeit vermuten läßt[22].

Bei einer Kündigung nach § 247 BGB werden nur die Zinsen, d. h. die laufzeitabhängigen Kreditgebühren, soweit noch nicht verbraucht, erstattet. Die mit der Kreditvergabe verbundenen einmaligen Kosten

---
[17] siehe unten, Anl. 4.
[18] siehe unten, Anl. 7.
[19] Schmidt, BB 1974, 201, 202.
[20] Buß, NJW 1977, 1520, 1521; wohl auch Ihmels, BB 1975, 1510, 1513.
[21] zur Berechnung ausführlich Scholz, BB 1977, 1425, 1428 f.; ders., TW 6/1977 S. 33; vgl. auch Kessler, NJW 1977, 2060 f.
[22] Nach einem Beispiel von Scholz, TW 6/1977 S. 33, sind bei einem mit 48 Monatsraten zu tilgenden Kredit schon nach 18 Monaten mehr als die Hälfte der insgesamt berechneten (laufzeitabhängigen) Kreditgebühren verbraucht.

bleiben bei der Berechnung der Rückvergütung außer Betracht[23]. Der Schutz, den das Kündigungsrecht dem Kreditnehmer gewährt, wirkt sich in vollem Umfang daher nur bei langfristigen Krediten aus. Bei kürzerfristigen Darlehen sind die ersparten Zinsen eher gering. In den typischen Fällen der Kreditvergabe zu überhöhten Zinsen an finanzschwache und überschuldete Verbraucher wird der Schutz des § 247 BGB oft bereits daran scheitern, daß der Schuldner außerstande ist, die eingegangenen Verpflichtungen wenigstens bis zur vorzeitigen Beendigung des Vertrages nach einem Jahr zu erfüllen.

a) Der Bundesgerichtshof hält den Schutz des Bewucherten, der sich regelmäßig infolge einer Notlage lästigen Bedingungen habe unterwerfen müssen, durch die volle Nichtigkeit des Vertrages grundsätzlich für am besten gewährleistet[24]. Betrachten wir die Interessenlage genauer.

Relativ häufig kommt die Ausbeutung einer Zwangslage vor, zu deren Beseitigung die Durchführung des Vertrages erforderlich ist. Die Nichtigkeit des gesamten Vertrages als Sanktion verhindert entweder den Eintritt des Vertragserfolges oder beseitigt ihn nachträglich, beides Folgen, die dem in Bedrängnis handelnden Vertragsteil höchst ungelegen kommen und ihn davon abhalten werden, sich auf § 138 Abs. 2 BGB zu berufen. Aber auch der unerfahrene, willensschwache oder urteilsunfähige Schuldner wird vielfach, wenn er sich auf die Nutzung des Vertragsgegenstandes eingerichtet hat, die vertragliche Leistung des Schuldners behalten wollen.

Im Vordergrund stehen hier Dauerschuldverhältnisse, beispielsweise Kredit-, Miet- und Arbeitsverträge, um die sich die Diskussion um die Rechtsfolge des Wuchers auch in erster Linie dreht. Aber auch bei reinen Austauschverträgen, beispielsweise dem Kauf von Immobilien, kann die Rückabwicklung des Vertrages für den Ausgebeuteten mit so vielen materiellen und immateriellen Nachteilen verbunden sein, daß eine Berufung auf § 138 Abs. 2 BGB praktisch ausscheidet.

Andererseits sind aber auch Fälle denkbar, in denen der Schuldner vom gesamten Vertrag loskommen möchte. Besonders bei wucherischen Kaufverträgen wird oftmals die Schwäche des Vertragspartners nicht nur zur Vereinbarung eines wucherischen Preises, sondern auch dazu ausgenutzt, einen Vertrag dieser Art überhaupt abzuschließen.

Die optimale Sanktion für Wucher wäre ein Wahlrecht des Schuldners zwischen teilweise und völliger Nichtigkeit des Vertrages[25]. Eine

---

[23] Scholz, BB 1977, 1425, 1429; ebenso LG Köln, Urt. v. 4. 9. 1975, TW 2/1977 S. 21. Ein Disagio kann allerdings als Zins anzusehen sein, BGH, Urt. v. 6. 2. 1963, MDR 1963, 486. Zur Gefahr der Verschleierung von Zinsen durch die Vereinbarung einmaliger Bearbeitungsgebühren, Vorabzüge etc., Belke, BB 1968, 1219, 1222 ff.
[24] Urt. v. 10. 2. 1972, WPM 1972, 486, 488.

2. Zivilrechtliche Sanktionen

ähnliche Regelung kennt das Bürgerliche Gesetzbuch bei der Mängelgewährleistung. Hier wie dort sollte es ausschließlich dem Schuldner überlassen bleiben, zu entscheiden, welche Rechtsfolge seinem Fall am besten gerecht wird.

Die kraft Gesetzes eintretende Nichtigkeit des gesamten Vertrages bietet dem Bewucherten jedenfalls keinen wirksamen Schutz. Rechtsprechung und Literatur haben daher Anstrengungen unternommen, um — besonders bei Dauerschuldverhältnissen — mit Hilfe juristischer Konstruktionen die Nachteile einer aus der Sicht des Schuldners verfehlten Rechtsfolge auszugleichen.

Der BGH hat in einigen besonders krassen Fällen es dem Gläubiger nach § 242 BGB untersagt, sich zum Nachteil des Schuldners auf die Nichtigkeit des Vertrages zu berufen und damit den Vertrag faktisch insoweit aufrechterhalten[26].

Im Mittelpunkt der schon im vorigen Jahrhundert beginnenden Diskussion stand der Schutz des Kreditnehmers vor dem vorzeitigen Rückforderungsanspruch seines Gläubigers. Der überwiegende Teil des Schrifttums zieht § 817 S. 2 BGB analog mit der Begründung heran, der makellos handelnde Empfänger dürfe nicht schlechter stehen als ein Schuldner, den ebenfalls der Vorwurf der Sittenwidrigkeit trifft[27]. Eine andere Meinung gewährt dem Kreditschuldner die Einrede der unzulässigen Rechtsausübung, da der Wucherer sich auf eigenes Unrecht berufe (turpitudinem suam allegans non auditur)[28]. Seit der Entscheidung des Großen Senats des Reichsgerichts vom 30. 6. 1939[29] kann der Kreditwucherer nach überwiegender Ansicht den Kapitalbetrag nicht vor der vereinbarten Zeit zurückverlangen[30]. Indem Rechtsprechung und Schrifttum die Dauer der Kapitalüberlassung der vertraglichen Vereinbarung entnehmen, verleihen sie dem Wuchervertrag insoweit Wirkung[31].

---

[25] vgl. Reichel, LZ 1917, 655, der auf § 782 des damaligen Entwurfes eines ungarischen Zivilgesetzbuches verweist; Lehman, Wucherbekämpfung, S. 62 f.; Lehmann/Hübner § 29 IV 4 (S. 203); Nolden, Diss. Köln (1936), S. 57.

[26] BGH, Urt. v. 10. 2. 1972, WPM 1972, 486, 488; Urt. v. 11. 7. 1957, WPM 1957, 1118, 1121, 1155, 1158 (Ausbeutung von Juden im Dritten Reich).

[27] zuerst Cohn, GruchotsBeitr. 41 (1897), 794; Dernburg, BürgR I, § 127 II (S. 431); Neubecker, DJZ 1902, 568; weitere Nachweise bei Honsell S. 17 Fn. 4.

[28] Riezler S. 182; Honsell S. 20.

[29] RGZ 161, 52, 57.

[30] BGH, Urt. v. 19. 4. 1971, WPM 1971, 857, 858; Urt. v. 14. 4. 1969, WPM 1969, 857, 858; Urt. v. 24. 6. 1963, NJW 1963, 1870; Urt. v. 18. 4. 1962 NJW 1962, 1148; Urt. v. 9. 11. 1961, WPM 1962, 112, 114; Urt. v. 15. 2. 1956, WPM 1956, 459, 460; Palandt/Thomas § 817 Anm. 3 c bb); RGRK-BGB (Heimann/Trosien) § 817 Rdz. 26; Staudinger/Seuffert § 817 Rdz. 20; Soergel/Siebert/Mühl § 817 Rdz. 21; Esser, SchR BT, § 103 IV 1 (S. 360); Larenz, SchR BT, § 51 I, 69 III (S. 227, 498); Erman/Seiler § 817 Rdz. 25.

[31] RG, Urt. v. 30. 6. 1939, RGZ 161, 52, 57 bestreitet das.

Für ein Recht des Wucherers zur vorzeitigen Rückforderung des Darlehens haben sich Hoff[32] und Bufe[33] ausgesprochen. Hoff will die Leistung des Wucherers in die Übereignung des Geldes und die Überlassung für die vertraglich vereinbarte Zeit aufspalten, von der letztere nur teilweise erbracht sei, wenn der Kreditgeber unter Berufung auf die Nichtigkeit des Darlehens das Kapital vorzeitig zurückverlangt[34]. Wenn Hoff meint, wer die vorzeitige Rückforderbarkeit des Darlehens ablehne, trete ohne zwingenden Grund für die Aufrechterhaltung des sittenwidrigen Zustandes ein und zwinge den Geldgeber, gegen seinen Willen in der Rolle des Wucherers auszuharren, auch wenn er das Geld nunmehr einer gesetzmäßigen Verwendung, beispielsweise der Errichtung eines Krankenhauses[35], zuführen will, verkennt er wohl grundlegend die Mentalität wucherischer Geldgeber. Auch Bufes Vorschlag, das Recht zur vorzeitigen Rückforderung des Kredites nur zuzulassen, wenn der Schuldner die wucherischen Zinsen nicht zahlt[36], würde dem Wucherer nur eine weitere Waffe zur Durchsetzung seiner sittenwidrigen Forderung in die Hand geben. Daß der Schuldner auf die weitere Überlassung des Darlehens möglicherweise angewiesen ist, haben beide Autoren nicht in Erwägung gezogen.

Bloße Teilnichtigkeit wird als Rechtsfolge des Wohnraummietwuchers angenommen[37]. Rechtsprechung und Literatur ziehen aber nicht § 138 Abs. 2 BGB heran, sondern begründen dieses Ergebnis mit §§ 302 a Abs. 1 Nr. 1 StGB, 5 WiStG i. V. m. § 134 BGB. § 138 Abs. 2 BGB soll als lex generalis ausgeschlossen sein[38].

Bereits das Reichsgericht entschied, die Frage, ob ein Mietvertrag gültig oder nichtig sei, dürfe nicht ohne weiteres nach den allgemeinen Bestimmungen beantwortet werden. Vielmehr müsse bei einem Verstoß gegen Mieterschutzbestimmungen der Vertrag aufrechterhalten werden, da die Schutzvorschriften den Mieter sonst gerade schädigen würden[39].

Die Überlegungen zur Rechtsfolge des Wucherverbots gelten in gleicher Weise auch für Miet- und Pachtverträge, die nicht den Mieterschutzbestimmungen unterliegen. Ein Teil des Schrifttums will dem Schuldner — wie schon beim Darlehensvertrag — mit einer analogen Anwendung des § 817 S. 2 BGB helfen[40].

---

[32] AcP 156 (1957), 483 ff.
[33] AcP 157 (1958/59), 228 f.
[34] AcP 156 (1957), 488 ff.
[35] so wörtlich S. 500.
[36] AcP 157 (1958/59), 229.
[37] Schmidt-Futterer, WohnraumschutzG, D 17, 18; ders., JR 1972, 136 f.; Palandt/Heinrichs § 134 Anm. 3 b bb; Soergel/Siebert/Hefermehl § 134 Rdz. 22; LG Köln, Urt. v. 12. 10. 1964, NJW 1965, 157, 159; LG Hamburg, Urt. v. 29. 1. 1971, NJW 1971, 1411; a. A. Hans, Mietrecht, Anh. zu § 535 BGB, Anm. 7 d
[38] Schmidt-Futterer, JR 1872, 136; vgl. Palandt/Heinrichs § 138 Anm. 4 c.
[39] RG, Urt. v. 8. 5. 1925, JR 1925, Nr. 1118; vgl. Roquette, Mietwucher, S. 62; Ebel/Lilienthal, Mieterschutz, § 49 a Anm. 6 (S. 330 f.); KG, Urt. v. 5. 3. 1929, HRR 1929, Nr. 1449; a. A. Marwitz, JW 1928, 2510, der sich für die Nichtigkeit des gesamten Vertrages ausspricht, um den Mieter davon abzuhalten, eine unangemessene Vergütung zu zahlen oder zu versprechen (!).
[40] Larenz, SchR BT, § 69 III b (S. 499); Soergel/Siebert/Mühl § 817 Rdz. 30;

2. Zivilrechtliche Sanktionen

Mit dieser Konstruktion wird zwar dem ausgebeutetem Mieter der Gebrauch der Sache erhalten, offen bleibt aber, welche Rechte und Pflichten die Parteien haben. Mit den Vorschriften zum Eigentümer-Besitzer-Verhältnis allein lassen sich die entstehenden Fragen kaum befriedigend lösen. Ein interessengerechtes Ergebnis ist nur möglich, wenn man die §§ 535 ff. BGB sowie die Nebenbestimmungen des nichtigen Vertrages heranzieht[41]. Praktisch läuft dies — wie beim Kreditwucher — auf eine teilweise Aufrechterhaltung des Vertrages hinaus.

Auch ein Verstoß gegen Höchstpreisvorschriften für lebenswichtige Waren und Leistungen oder ein Verstoß gegen die Preistreibereiverordnungen hatte nur zur Folge, daß der Preis auf das zulässige Maß reduziert wurde[42]. Aufgabe der für Handelswaren erlassenen Preisvorschriften sei die Versorgung der Bevölkerung mit lebenswichtigen Gütern, die mit einer Vernichtung des gesamten Rechtsgeschäfts gerade nicht erreicht wird[43]. Die Anwendung des § 138 Abs. 2 BGB wurde möglichst vermieden[44].

Die Notwendigkeit einer Korrektur der Sanktion des § 138 Abs. 2 BGB wird schließlich in den Fällen des Lohnwuchers besonders deutlich. Die Rechtsprechung behandelt zwar den vollzogenen Teil des wucherischen Arbeitsvertrages als faktisch wirksam und entnimmt die Höhe der Vergütung für die geleistete Tätigkeit nicht dem Bereicherungsrecht, sondern wendet § 612 Abs. 2 BGB an; für die Zukunft soll aber der gesamte Arbeitsvertrag nichtig sein[45]. Dagegen beschränkt das überwiegende Schrifttum die Nichtigkeit auf die Lohnabrede[46]. Der

---

v. Caemmerer, SJZ 1950, 650 Anm. 39; Medicus, FS Dietz S. 70; ders., BürgR, Rdz. 699 (S. 315); dagegen BGH, Urt. v. 14. 6. 1951, NJW 1951, 643. Flume, § 18, 10 f. Anm. 94, gibt dem Mieter gegenüber dem vorzeitigen Rückgabeanspruch des Wucherers die exceptio doli.

[41] Vgl. Medicus, FS Dietz, S. 63; ders., BürgR, Rdz. 699 (S. 315); Esser, SchR BT, § 103 IV 1 (S. 359), die bei unbefristeten Verträgen die gesetzlichen Kündigungsvorschriften anwenden.

[42] RG, Urt. v. 4. 8. 1914, RGZ 88, 250, 252; Urt. v. 5. 12. 1916, RGZ 89, 196, 197 f.; Urt. v. 30. 3. 1920, RGZ 98, 293, 294; Urt. v. 23. 4. 1826, SeuffA 80, Nr. 145 S. 257, 259); KG, Urt. v. 26. 2. 1925, JR 1925 II, Nr. 370; Hachenburg, LZ 1915, 14, 15; Ebermayer, GruchotsBeitr. 60 (1916), 193, 204 f.; Oertmann, JW 1917, 255 ff.; Lehmann, Wucherbekämpfung (1917), S. 19, 27; Hartung, Diss. Göttingen (1919), S. 5 ff.; Alsberg, Preistreibereistrafrecht (1922), S. 377 f.; Lang, Teilweise Nichtigkeit (1926), S. 88 f.; a. A. (völlige Nichtigkeit bzw. völlige Gültigkeit des Vertrages) Busch, DJZ 1916, 127 f.; Kipp, DJZ 1916, 466, 468; Block, Diss. Greifswald (1918), S. 33 ff., 66 ff. m. w. N.

[43] RG, Urt. v. 4. 8. 1914, RGZ 88, 250, 251; Urt. v. 30. 3. 1920, RGZ 98, 293, 294.

[44] vgl. RG, Urt. v. 30. 3. 1920, RGZ 98, 293, 294.

[45] BAG, Urt. v. 10. 3. 1960, SAE 1960, 173, 175 f.; LAG München, Urt. v. 29. 5. 1953, WA 1953, 90; LAG Hannover, Urt. v. 11. 2. 1953, BB 1953, 203; Urt. v. 2. 7. 1953, BB 1953, 651 f.; vgl. RAG, Urt. v. 23. 10. 1935, Amtl. Samml. Bd. 16, S. 35, 36, 38.

[46] Hueck/Nipperdey § 32 II 2 (S. 186); Nikisch, Arbeitsrecht, § 20 IV 5 (S. 192); Isele, SAE 1960, 179; Siebert S. 94 f.; Palandt/Putzo § 611 Anm. 2 b;

Lohn des weiterhin gültigen Arbeitsvertrages wird entweder nach dem Tariflohn oder entsprechend § 315 BGB bestimmt. Die Nichtigkeit des gesamten Vertrages hätte zur Folge, daß der Arbeitgeber den Arbeiter ohne Mitwirkung des Betriebsrates und unter Umgehung der Kündigungsvorschriften jederzeit entlassen könnte. Da der Verlust des Arbeitsplatzes bei schlechter Arbeitsmarktlage existenzbedrohende Nachteile mit sich bringen kann, ist die in § 138 Abs. 2 BGB angeordnete Rechtsfolge für das Arbeitsrecht schlechthin unbillig[47]. Die Folgen der Nichtigkeit treffen den Bewucherten stärker als den Wucherer.

b) Für die Nichtigkeit des gesamten wucherischen Vertrages hat sich in jüngster Zeit ausdrücklich Lindacher ausgesprochen[48]. Lindacher betont die Abschreckungsfunktion der Totalnichtigkeit[49]. Präventivwirkung vermöge § 138 BGB, soweit er den subjektiven Mißbrauch der Vertragsfreiheit steuern soll, nur dann zu entfalten, wenn ein wucherisches Verhalten mit einem Risiko behaftet ist. Beschränke sich die Rechtsfolge auf eine bloße Reduzierung des Übermaßes, dann könne der Wucherer zunächst darauf spekulieren, daß sein Vertragspartner sich nicht auf die (teilweise) Nichtigkeit beruft. Schlimmstenfalls würde er immer noch das übliche Entgelt erhalten[50].

Lindacher stützt sich auf die ständige Rechtsprechung zum Kreditwucher, die aus den §§ 138 Abs. 2, 817 S. 2 BGB eine Pflicht zur zinslosen Überlassung des Darlehensbetrages für die vereinbarte Zeit folgert.

Das Reichsgericht hatte zunächst sogar den Anspruch des Wucherers auf Herausgabe der Darlehensvaluta ausgeschlossen[51]. Seit dem Beschluß des Großen Zivilsenat des Reichsgerichts vom 30. 6. 1939[52] ist der Schuldner zwar zur Herausgabe der Darlehenssumme verpflichtet, braucht aber für die vertraglich vereinbarte Zeit keine Zinsen zu zahlen. Vertragliche Ansprüche bestehen nach der Rechtsprechung wegen § 138 Abs. 2 BGB nicht; Ansprüche aus § 818 Abs. 1, 2 BGB entfallen, solange § 817 S. 2 BGB als Rechtsgrund dem Kreditnehmer die Nutzungen zuweise[53]. Das Zusammenwirken von § 138

Staudinger/Nipperdey/Mohnen/Neumann § 611 Rdz. 100; Soergel/Siebert/ Wlotzke/Volze § 611 Rdz. 29; vgl. schon Hueck, Arbeitsrecht 1923, 347 f. (Heilung der Nichtigkeit durch Tarifvertrag); ders., JheringsJb. 74 (1924), 386; a. A. Oertmann, DJZ 1913, 257 f.; Großmann/Schneider Rdz. 88, 92 (S. 55, 57).

[47] Die Gerichte hatten bisher wohl nur Fälle zu entscheiden, in denen die Fortführung des Arbeitsverhältnisses nicht zur Diskussion stand.

[48] AcP 173 (1973), 124, 125, 129 f., JR 1977, 412, 413.

[49] AcP 173 (1973), 124, 129 f.; ebenso Krückmann, ZfRpfl. in Bayern 1915, 191 f.; Fischer, Recht 1917, 285; Krampe, JZ 1975, 576; vgl. Ermann/Westermann § 138 Rdz. 1.

[50] Lindacher, AcP 173 (1973), 124, 129 f.

[51] ausdrücklich RG, Urt. v. 27. 3. 1936, RGZ 151, 70 ff.; vgl. RG, Urt. v. 1. 10. 1914, RGZ 85, 293 ff.; Urt. v. 16. 2. 1922, LZ 1922, 461.

[52] RGZ 161, 25 ff.

[53] RG (GS) a. a. O. S. 52, 55 f.; BGH, Urt. v. 18. 4. 1962, NJW 1962, 1148; KG, Urt. v. 26. 9. 1974, WPM 1975, 128, 129.

Abs. 2 und § 817 S. 2 BGB führt also im Ergebnis zu einer zinslosen Überlassung des Kredits für die vereinbarte Zeit. Den dadurch entstehenden Vermögensnachteil beim Wucherer hielt das Reichsgericht zur Abschreckung ausdrücklich für erwünscht[54]. Die Kommentare haben die Rechtsprechungspraxis übernommen[55].

Generalpräventive Erwägungen vermögen die Nichtigkeit des gesamten Rechtsgeschäftes nur zu rechtfertigen, soweit diese Rechtsfolge nicht den Interessen des Ausgebeuteten zuwiderläuft. Lindacher räumt selbst ein, daß das dem § 138 BGB zugrundeliegende Postulat der Selbstachtung des Rechts eine Aufrechterhaltung des Rechtsgeschäfts in reduziertem Umfang nicht verbietet[56]. Sachgerecht und sachlich geboten sei die Totalnichtigkeit als Folge vorsätzlich sittenwidrigen rechtsgeschäftlichen Verhaltens dann, wenn „die Nichtvalidierung des fraglichen Rechtsgeschäfts die und nur die Partei trifft, der der Verstoß gegen die guten Sitten angelastet werden kann"[57].

An dieser Voraussetzung fehlt es bei allen Rechtsgeschäften, in denen der Wucherer nicht (vollständig) vorgeleistet hat und der Ausgebeutete den vertraglichen Gegenstand behalten möchte. In diesen Fällen kann § 817 S. 2 BGB, der nur ein Verweigerungsrecht gibt, das Interesse des Schuldners an der Durchsetzung des Vertrages nicht befriedigen.

Aber auch beim Kreditwucher, bei dem der Wucherer typischerweise vorleistet, ist es zweifelhaft, ob eine „Bestrafung" des Wucherers wirklich im Interesse des Schuldners liegt.

Ein Teil des Schrifttums hat die Rechtsprechung zu den Rechtsfolgen des Kreditwuchers wiederholt kritisiert[58]. Überwiegend wird bereits die Straffunktion des Zivilrechts bestritten[59]. Die Festsetzung von Vermögensnachteilen, die nicht dem Interessenausgleich der Beteiligten dienten, sei ausschließlich Sache des Strafrechts[60]. Die Gewährung von Vorteilen auf seiten des Bewucherten müsse dazu führen, daß der Ausgebeutete aus seiner Not ein Geschäft macht[61]. Im gewerblichen Bereich könne der so erzwungene

---

[54] RG (GS), Urt. v. 30. 6. 1939, RGZ 161, 52, 59.
[55] Palandt/Thomas § 817 Anm. 3 c bb); Soergel/Siebert/Mühl § 817 Rdz. 21; Erman/Seiler § 817 Rdz. 25.
[56] AcP 173 (1973), 119.
[57] S. 130.
[58] Für eine angemessene Vergütung setzen sich ein: Flume § 18 10 f. (S. 394); Medicus, FS Dietz S. 61 ff.; ders., BürgR, Rdz. 700 (S. 315); nunmehr auch Larenz, SchR BT, § 69 III b (S. 499); ablehnend gegenüber der h. M. auch Bufe, AcP 157 (1958/59), 215, 227 ff. und Hoff, AcP 156 (1957), 483 ff., die sich für ein Recht des Wucherers zur vorzeitigen Rückforderung der Darlehensvaluta aussprechen.
[59] Bufe, AcP 157 (1958/59), 215, 227 ff.; Medicus, FS Dietz S. 62, 67; Hoff, AcP 156, 493 f.; Heck, AcP 124 (1925), 56 ff.; Honsell S. 58 f.; Larenz, SchR BT, § 69 III b Fn. 1 (S. 497, 499).
[60] Bufe, AcP 157 (1958/59), 215, 254.
[61] Bufe, S. 228; vgl. Graff, DJZ 1908, 1102 f.

zinslose Kredit zu Wettbewerbsverzerrungen führen[62]. Schließlich berücksichtigte die „Strafe" nicht die Schwere der Tat und das Maß der Schuld. Wer eine besonders minderwertige Leistung erbracht habe, komme besser weg als derjenige, der die Grenze des auffälligen Mißverhältnisses gerade überschreitet[63].

Ob die völlige Nichtigkeit des Wuchergeschäfts jemals abschreckend gewirkt hat, scheint zweifelhaft. Den Wucherer wird weniger die Höhe der „Strafe" als vielmehr der Grad der Wahrscheinlichkeit abschrecken, mit dem er mit einem für ihn ungünstigen Prozeßausgang rechnen muß.

Bedenken gegen die „Bestrafung" des Wucherers im Zivilrecht in der bisher praktizierten Form ergeben sich auch aus folgender Überlegung: Besonders bei langjährigen Krediten können sich die Nachteile des Zinsverlustes mit der Zeit erheblich summieren. Da § 817 S. 2 BGB eine Abstufung der Nichtigkeitsfolge nicht zuläßt, wird der Richter an die objektiven und subjektiven Voraussetzungen des Wuchers Anforderungen stellen, die eine so hohe „Bestrafung" rechtfertigen. Die über den Schutz des konkret Betroffenen hinausgehende Sanktion der §§ 138 Abs. 2, 817 S. 2 BGB wirkt tendenziell auf eine einschränkende Auslegung der Wuchervorschrift und widerspricht damit auch beim Kreditgeschäft den Interessen des unterlegenen Vertragsteils.

Die Bestrafung des Wuchers sollte daher ausschließlich dem Wucherstrafrecht überlassen bleiben.

c) Die Rechtsfolge des § 138 Abs. 2 BGB sollte auf den das Angemessene überschreitenden Teil des Entgelts beschränkt werden, wenn der Ausgebeutete dies wünscht. Diese Beschränkung der Rechtsfolge ließe sich schon durch eine entsprechende Auslegung der geltenden §§ 138 Abs. 2, 139, 140 BGB erreichen[64].

Die Ermittlung des angemessenen Preises, die das Gericht durchzuführen hätte, würde keine unüberwindlichen Schwierigkeiten bereiten. Der Richter hat bereits bei der Bestimmung des auffälligen Mißverhältnisses festzustellen, welches Entgelt üblich ist. Die Ermittlung des Wertes einer Leistung gehört auch sonst zu den ständigen Aufgaben eines Gerichts[65].

---

[62] Hoff, AcP 156, 506.
[63] Medicus, FS Dietz S. 62; Honsell S. 59; Heck, AcP 124, 57.
[64] Lehmann, Wucherbekämpfung, S. 62 f.; Lehmann/Hübner § 29 IV 4 (S. 203); Nolden, Diss. Köln (1936), S. 57; Medicus, FS Dietz, S. 65; vgl. OLG Stuttgart, Urt. v. 21. 11. 1974, JZ 1975, 572 ff.
[65] z. B. §§ 251, 315 Abs. 3 S. 2, 319 Abs. 1 S. 2, 557 Abs. 1 S. 2, 612 Abs. 2, 632 Abs. 2, 653, 689, 818 Abs. 1, 2, 906 Abs. 2 S. 2, 912 Abs. 2, 917 Abs. 2 BGB.

3. Spezielle Regelung des Konsumentenkreditwuchers

Die Ausbeutung kreditsuchender Konsumenten[1] macht den weitaus größten Teil der Wucherfälle aus. Schon aus diesem Grunde liegt es nahe, eine auf diesen Markt beschränkte gesetzliche Regelung zu suchen. Für eine spezialgesetzliche Bekämpfung des Konsumentenkreditwuchers spricht ferner folgendes:

Der Kreditwucher ist im Gegensatz zur Ausbeutung durch Austauschverträge besonders gefährlich. Der Kredit schränkt die Verfügbarkeit des zukünftigen Einkommens ein. Ein hoher Verschuldensgrad kann zur Aufnahme weiterer Kredite zu noch drückenderen Bedingungen zwingen (Umschuldung). Bei sinkendem Einkommen steigt der zur Schuldentilgung aufzuwendende Einkommensteil schnell ins unerträgliche. Die gegenwärtige Arbeitsplatzunsicherheit und die große Zahl der Arbeitslosen bieten einen guten Nährboden für den Kreditwucher.

Die zum Schutz des Kreditnehmers vorgeschlagenen Maßnahmen — insbesondere der Schutz durch Information[2] — stärken zwar insgesamt die Position des kreditsuchenden Verbrauchers, sind aber nicht geeignet, die in den Randgebieten des Marktes auftretende Mißstände völlig zu beseitigen. Für den Verbraucher, der infolge seiner wirtschaftlichen Lage den gewünschten Kredit nicht mehr zu banküblichen Zinsen erhält, ist die Information, wo es für ihn ein Darlehen zu 30 % statt zu 35 % gibt, weniger wichtig als die Aufklärung darüber, ob in seiner Lage eine weitere Verschuldung überhaupt noch vertretbar ist[3]. Eine

---

[1] Als Konsumentenkredit werden im folgenden alle Formen der Kreditvergabe an Verbraucher zur persönlichen Verwendung verstanden, unabhängig davon, ob es sich um ein Darlehen oder die Gewährung von Ratenzahlung handelt.

[2] vgl. v. Hippel, Verbraucherschutz, S. 132 ff.; zum Schutz durch Information ausführlich unten, IV 1.

[3] In den USA ist bereits erwogen worden, den Kreditnehmer auch insoweit durch Information zu schützen. So berichtet Walace, Boston U. L. Rev. 56 (1976), 451, 494, über den Vorschlag, den Verbraucher gezielt auf die mit einer hohen Verschuldung verbundenen Gefahren durch eine zwingend vorgeschriebene, auffällige schriftliche Warnung, etwa mit dem folgenden Inhalt, aufmerksam zu machen:

WARNUNG

Haben Sie bedacht, daß Sie sich und Ihre Familie in ernste Schwierigkeiten bringen, wenn Sie Geld leihen? 16 von hundert Schuldnern wie Sie haben ernsthafte Schwierigkeiten mit der Rückzahlung. Drei von hundert Schuldnern wie Sie werden ihre Schulden nie bezahlen. Wir werden selbstverständlich gegen Schuldner, die nicht zahlen, gerichtlich vorgehen, und wir werden gegebenenfalls auch Sie verklagen. Verklagt zu werden, ist unangenehm. Es kann dazu führen, daß Sie einen Teil Ihrer Wohnungseinrichtung, Ihr Auto oder Ihre Scheckkarte verlieren. Einer von hundert Schuldnern wie Sie endet im wirtschaftlichen Ruin. Wir würden uns freuen, Ihnen Geld leihen zu dürfen, aber

III. Reformvorschläge zum materiellen Recht

Erziehung des Konsumenten, sich in einer Gesellschaft, die Konsum und steigenden wirtschaftlichen Wohlstand als Inbegriff des Glücks propagiert, freiwillig für eine Beschränkung des Lebensstandards und gegen eine (weitere) Verschuldung mit allen zukünftigen Risiken zu entscheiden, hat jedenfalls kurzfristig wohl nur geringe Aussicht auf Erfolg.

Vereinzelt wird die Ansicht vertreten, daß der umfassende staatliche Schutz des Vermögens einer Erziehung zu eigenverantwortlichem, geschäftserfahrenem Verhalten zuwiderlaufe[4]. Die Vorstellung, durch Verweigerung staatlichen Schutzes eine umfangreichere Ausbildung zu veranlassen[5], erscheint weltfremd. Eine „Erziehung durch Schaden" knüpft an das „laissez faire" frühkapitalistischer Prägung an und ist mit moderner Sozialpolitik unvereinbar.

Für die Normierung des Konsumentenkreditwuchers bieten sich zwei Möglichkeiten an. Man kann durch eine gesetzliche Regelung dem Richter das Eingreifen im Einzelfall zu erleichtern suchen. Diesen Weg geht der Gesetzesentwurf des Bundesrates zur Bekämpfung des Kreditwuchers (a). Der Gesetzgeber kann aber auch selbst Höchstgrenzen für die Kosten von Konsumentenkrediten festsetzen (b). Von besonderer Wichtigkeit für alle Formen der Kreditwucherbekämpfung ist schließlich die in Rechtsprechung und Literatur umstrittene Frage, welche im Zusammenhang mit der Aufnahme eines Darlehens entstehenden Kosten den Kreditkosten zuzurechnen sind (c).

a) Für den zivilrechtlichen Schutz des Kreditnehmers hat der Bundesrat auf Initiative des Landes Hessen vorgeschlagen, dem § 138 folgenden Abs. 3 anzufügen[6]:

„Nichtig ist ferner ein Rechtsgeschäft, durch das jemand sich oder einem Dritten für ein Darlehen oder dessen Vermittlung Vermögensvorteile versprechen oder gewähren läßt, die das übliche Entgelt dergestalt übersteigen, daß sie nach den Umständen des Falles in auffälligem Mißverhältnis zu der Leistung stehen. Dem Darlehen stehen die Stundung einer Geldforderung oder andere zweiseitige Rechtsgeschäfte gleich, die denselben wirtschaftlichen Zwecken dienen."

---

wir empfehlen Ihnen, nicht zu borgen. ÜBERLEGEN SIE ES SICH GUT, BEVOR SIE DIESE SORGEN AUF SICH NEHMEN.
Wie die Erfahrung in den USA mit Warnungen ähnlicher Art vor dem Zigarettenkonsum gezeigt haben, finden Informationen dieser Art kaum Resonanz.

[4] Vgl. Naucke, FS Peters (1974) S. 109, 114 ff., der Betrug durch besonders plumpe Täuschungen für straffrei erklären will. Siehe auch Hirsch, ZStW 74 (1962) S. 78, 130: „Durch das Verbot des Betruges sollen nicht die Törichten und Lebensfremden geschützt werden" (!) Gegen Naucke ausdrücklich Tröndle, JR 1974, 221, 224.
[5] Naucke, S. 116.
[6] Ds. BR 586/73 v. 30. 11. 1973, erneut eingebracht mit Ds. BR 54/77 v. 27. 1. 1977.

3. Spezielle Regelung des Konsumentenkreditwuchers

Mit dieser Regelung sollte den Mißständen, die auf dem Gebiet privater Kreditvermittlung und -gewährung aufgetreten waren, entgegengewirkt werden. Da der Nachweis einer Ausbeutung der Notlage, des Leichtsinns oder der Unerfahrenheit in vielen Fällen nicht zu führen sei und auch die Anwendung des § 138 Abs. 1 BGB häufig keinen Schutz biete, sei es dringend geboten, Sittenwidrigkeit bei Kredit- und Kreditvermittlungsgeschäften bereits wegen eines objektiv feststellbaren auffälligen Mißverhältnisses von Leistung und Gegenleistung anzunehmen[7].

Der Versuch, die Mißstände auf dem Kreditmarkt durch eine spezielle gesetzliche Regelung zu bekämpfen, ist zu begrüßen. Der Entwurf beseitigt aber weniger tatsächlich bestehende rechtliche Hindernisse bei der Bekämpfung des Kreditwuchers, sondern ist vielmehr als eine Aufforderung des Gesetzgebers an die Gerichte zu verstehen, die vorhandenen Möglichkeiten konsequenter als bisher zu nutzen. Dieser Aufforderung wird die Rechtsprechung umso eher Folge leisten, wenn der Gesetzentwurf sich auf den Markt beschränkt, auf dem die Mißstände aufgetreten sind. Aus diesem Grund ist es ratsam, den Anwendungsbereich der Regelung auf den konsumptiven Kredit und seine Vermittlung zu begrenzen. Alle Entscheidungen des Bundesgerichtshof zum Kreditwucher betrafen produktive Kredite[8].

Darüber hinaus bietet eine spezielle Regelung des Konsumentenkredites auch die Möglichkeit einer von den Entscheidungen zum Produktivkredit stärker abweichenden Entwicklung der Rechtsprechung. Bisher orientierten sich die Untergerichte überwiegend noch an der vom Bundesgerichtshof für Produktivkredite gezogene Grenze von ca. 40 %, von der nur zögernd abgewichen wird[9]. Das Schweizer Bundesgericht hat in seiner Entscheidung vom 1. 4. 1967 die Verzinsung eines Konsumentenkredites in Höhe von 26 % für sittenwidrig erklärt und auf 18 % ermäßigt[10]. Die Grenze sittenwidriger Zinsforderungen wird in der Bundesrepublik schon im Hinblick auf die Inflationsrate höher liegen. Eine deutliche Senkung der quantitativen Anforderungen an das Mißverhältnis bei Konsumentenkrediten wäre aber wünschenswert.

Mit der vorgeschlagenen Einschränkung bietet der Gesetzesvorschlag des Bundesrates die Chance eines verbesserten gerichtlichen Schutzes vor überhöhten Kreditzinsen.

---

[7] Ds. BR 586/73 S. 1, 5, 6; siehe zum Entwurf auch v. Hippel, Verbraucherschutz, S. 135.
[8] siehe oben, II 7 a).
[9] siehe oben, II 7 a).
[10] BGE 93 II, 189 ff.

b) Die bisherigen Gesetze und Gesetzesvorschläge überließen die Konkretisierung dessen, was Wucher ist, den Gerichten. Da die Feststellung des überhöhten Zinses von den Umständen des Einzelfalles abhängt, ist der Ausgang des Prozesses im allgemeinen nur schwer vorhersehbar. Diese Ungewißheit ließe sich mit einer ziffernmäßigen Beschränkung der Zinshöhe erheblich verringern.

Eine Normierung des verkehrsüblichen Zinsfußes schlug Schachtschabel der Sachverständigenkommission vor[11]. Schachtschabel verwies auf das französische Kreditwucherrecht.

Nach Art. 1 des Gesetzes Nr. 66—1010 vom 28.12.1966[12] ist ein Darlehen wucherisch, dessen Zinsen den durchschnittlichen Zins um mehr als ein Viertel übersteigt, mit dem im Laufe des vorhergehenden Quartals die beim Nationalen Kreditrat eingetragenen Banken und Geldinstitute für Geschäfte gleicher Art mit ähnlichen Risiken gearbeitet haben. In jedem Fall ist ein Darlehen wucherisch, wenn der Zins zum Zeitpunkt der Gewährung das Doppelte der durchschnittlichen Rendite von Schuldverschreibungen übersteigt, die im Laufe des vorhergehenden Halbjahres ausgegeben worden sind. Die Durchschnittssätze werden regelmäßig veröffentlicht[13].

Der übliche Zinssatz für Ratenkredite der Banken könnte nach Ansicht von Schachtschabel ohne Schwierigkeiten der Zinsstatistik der Deutschen Bundesbank entnommen werden, die auf der Grundlage einer Erhebung bei ca. 400 Kreditinstituten vierteljährlich den durchschnittlichen Zinssatz ermittelt[14]. Die Grenze für das Überschreiten des Üblichen ließe sich durch einen prozentualen Aufschlag exakt bestimmen. Dieser Aufschlag müsse so bemessen sein, daß auch größere Verlustgefahren als banküblich abgedeckt werden können, andererseits aber bei mangelnder Solvenz des Schuldners das Zustandekommen eines Darlehensgeschäftes überhaupt vermieden wird[15].

Schachtschabels Vorschlag hat schon in der Sachverständigenkommission wenig Resonanz gefunden[16]. Die Skepsis des deutschen Gesetzgebers gegenüber Zinsbeschränkungen läßt sich vielleicht damit erklären, daß die französische Regelung, die alle Arten von Darlehensgeschäften umfaßt, in erster Linie der Konjunktursteuerung dient. Das-

---

[11] Gutachten S. 26 ff., in Kommissionsbericht Anl. 6.
[12] J. O. 1966, 11 623 (29.12.1966), unten Anl. 4.
[13] siehe im einzelnen Doll, l'usure, le demarchage et la publicité en matière de prêtes d'argent, GazPal. 1967, 1 doct. 99 ff.; Vasseur, Usure et prêt d'argent, Banque 1967, 457; Gavalda/Staufflet, la limitation des taux d'interêts conventionels par la loi no. 66—1010, JCP 1968 I, 2172; Rives/Lange, escompte et usure, Recuil Dalloz 1975 chronique 31 ff.
[14] Schachtschabel, S. 26 ff.; zur Erhebungsmethode und Aufgabe der Zinsstatistik siehe o. V., Erste Ergebnisse der Erhebung über Bankzinsen, Monatsberichte der Deutschen Bundesbank, Oktober 1967 S. 46 ff.
[15] Schachtschabel S. 28.
[16] vgl. Kommissionsbericht S. 106 f.

3. Spezielle Regelung des Konsumentenkreditwuchers

selbe gilt für eine ähnliche belgische Regelung aus dem Jahre 1957[17]. Demgegenüber gibt es aber in einer Reihe von Ländern spezielle Zinsschranken für Konsumkredite.

In den USA veröffentlichte die National Conference of Comissioners on Uniform State Laws 1968 den Entwurf eines Uniform Consumer Credit Code (UCCC)[18], der mittlerweile in einer Reihe von Staaten Gesetz geworden ist[19]. Der UCCC setzt für alle Formen des Konsumentenkredites[20] Höchstzinssätze fest, die nach der Höhe des Kreditbetrages gestaffelt sind. So dürfen für die ersten 300,— Dollar 36 %, für den Darlehensbetrag zwischen 300,— und 1000,— Dollar 21 % und für das 1000,— Dollar übersteigende Kapital 15 %, in jedem Fall aber wenigstens 18 % maximal gefordert werden. Für ein in zwölf gleichen Monatsraten zurückzuzahlendes Darlehen von 1500,— Dollar beträgt der Höchstzinssatz 25,1 %[21]. Die Diskussion in den USA über die Zweckmäßigkeit von Zinsschranken überhaupt sowie über ihre Ausgestaltung ist bis heute nicht abgeschlossen[22].

Ähnlich beschränkt der kanadische Small Loans Act die Zinsen für Kredite bis 1500,— Dollar. Zulässig sind 24 % Zinsen für die ersten 300,—, 12 % für weitere 700,— und 6 % für die verbleibenden 500,— Dollar. Das Gesetz bezweckt den Schutz besonders einkommensschwacher Gruppen, die erfahrungsgemäß bei der Kreditaufnahme wenig geschäftserfahren sind. Wegen der Geldentwertung und des gestiegenen Kreditbedarfs sind Bestrebungen im Gange, den Anwendungsbereich des Small Loans Act auf 5000,— oder sogar 7500,— Dollar zu erweitern[23].

In den Niederlanden sah bereits das Geldgebergesetz von 1932 für Kleinkredite Zinshöchstsätze vor, die in Ausführungsverordnungen der wirtschaftlichen Entwicklung angepaßt wurden[24]. Das Gesetz über Geldkredit für Konsumzwecke wird, wenn es in Kraft tritt, die Regelung auf alle Kredite an natürliche Personen bis zu einer Höhe von 10 000 Gulden erweitern[25]. Die Kosten setzen sich aus einem Anfangsbeitrag, der eigentlichen Kreditvergütung sowie einer Verzugsvergütung zusammen, deren maximale Höhen durch allgemeine Verwaltungsanordnung bestimmt werden.

Das Schweizer Interkantonale Konkordat über Maßnahmen zur Bekämpfung von Mißbräuchen im Zinswesen vom 8. 10. 1957[26] untersagt die Verein-

---

[17] vgl. v. Hippel, Verbraucherschutz, S. 119; Farnsworth S. 43 f.

[18] siehe Anl. 8.

[19] Der UCCC gilt in Colorado, Idaho, Indiana, Iowa, Kansas, Maine, Oklahoma, Utha, Wyoming. In anderen Staaten bestehen zum Teil erheblich strengere Zinsbeschränkungen.

[20] Das sind alle Kredite unter 25 000, Dollar, die einer natürlichen Person gewährt werden und in erster Linie zur persönlichen Verwendung bestimmt sind, vgl. König S. 18.

[21] v. Hippel, Verbraucherschutz, S. 119; König S. 32.

[22] siehe Wallace, the use of usury: law rate ceilings reexamined, Boston U. L. Rev. 56 (1976), 451 ff. m. w. N.; Warren, consumer credit law: rates, costs and benefits, Stan. L. Rev. 27 (1975), 951 ff.; Hinweise auf die ältere Literatur auch bei König S. 33.

[23] vgl. Pitch, Ottawa L. Rev. 5 (1972), 324, 330 f. m. w. N.

[24] Geldschieterswet v. 28. 1. 1932, StBl. 19; vgl. dazu o. V., Auskunft des Max-Planck-Instituts für ausländisches und internationales Strafrecht, Kommisionsbericht Anl. 8 (Niederlande) S. 1 ff., 7 ff.

[25] Wet op het consumptier geldkrediet v. 5. 7. 1972, StBl. 399, unten Anl. 6.

barung von effektiven Kreditzinsen, die 18 % p. a. (12 % für Zinsen, Provision, Kommission und Gebühren, 6 % für die ausgewiesenen Auslagen und Kosten) übersteigen. Von dieser Regelung sind nur die staatlich beaufsichtigten Banken und Sparkassen ausgenommen, wenn es sich nicht um die Gewährung von Kleinkrediten handelt. Dem Konkordat sind zwar nur acht Kantone beigetreten. Das schweizerische Bundesgericht zieht aber die Zinsgrenze des Konkordates auch bei Verstößen außerhalb seines unmittelbaren Anwendungsbereiches zum Vergleich heran und hält eine Überschreitung von 18 % für sittenwidrig, wenn nicht besondere Umstände vorliegen[27].

Im deutschen Schrifttum zum Verbraucherschutz werden Zinsbeschränkungen überwiegend skeptisch beurteilt[28].

So meint v. Hippel, eine starre Limitierung der Kreditkosten sei für den Verbraucher von zweifelhaftem Wert[29]. Je stärker die Zinsbegrenzung, desto größer sei die Gefahr, daß sozial schwache Verbraucher, die für den Geldgeber ein erhöhtes Risiko darstellen, auf dem normalen Kreditmarkt keinen Kredit mehr erhalten, sondern auf den schwarzen Markt gedrängt werden und „Kredithaien" in die Hände fallen[30]. Gegen eine an die Zinssätze des UCCC angelehnte Regelung spricht dieser Einwand jedoch nur, wenn die Kosten für notwendige Kredite an sozial schwache Verbraucher selbst die relativ hoch angesetzte Zinsobergrenze überschreiten würden. Aus den USA ist bisher nicht bekannt geworden, daß der UCCC den befürchteten Verdrängungseffekt ausgelöst hätte. Für den Verbraucher der Bundesrepublik, der weit weniger als der Durchschnittsbürger der USA verschuldet[31] und damit weit kreditwürdiger ist, besteht diese Gefahr noch viel weniger. Von Hippel bezeichnet selbst die Höchstzinssätze des UCCC als großzügig bemessen[32], schätzt also die Gefahr, daß diese Höchstzinssätze sich verbraucherfeindlich auswirken gering ein. Selbst ein so großzügig bemessener Zinssatz wie der des UCCC wird gegenwärtig in der Bundesrepublik von einer großen Zahl gewerblicher Geldverleiher überschritten[33]. Die Höchstzinssätze des UCCC würden den Verbraucher nicht nur in seltenen Extremfällen gegen überhöhte Zinsen schützen, sondern eine Vielzahl gewerblicher Geldverleiher zur Zinssenkung oder zur Aufgabe des Geschäfts zwingen.

---

[26] SR 221.121.1, unten Anl. 3 b.
[27] BG, Urt. v. 1. 4. 1967, BGE 93 II, 189, 191 f.
[28] v. Hippel, Verbraucherschutz, S. 134; König S. 33.
[29] Verbraucherschutz, S. 119.
[30] v. Hippel, Verbraucherschutz, S. 134; ebenso Rubin, Commercial L. J. 76 (1971), 69; Warren, Stan. L. Rev. 27 (1975), 951, 958; Pitch, Ottawa L. Rev. 5 (1972), 324, 332.
[31] vgl. Schachtschabel S. 7.
[32] Verbraucherschutz, S. 134.
[33] siehe oben, I 1., Text zu Fn. 3—4.

3. Spezielle Regelung des Konsumentenkreditwuchers

Der Kreditsuchende kann allerdings wegen Überschuldung oder aus anderen Gründen ein so hohes Kreditrisiko darstellen, daß aus betriebswirtschaftlicher Sicht ein Überschreiten der Zinsgrenze gerechtfertigt wäre. In diesen Fällen ist es Aufgabe des Staates, des Zustandekommen eines Vertrages zu verhindern, dessen Bedingungen für den Kreditnehmer die Gefahr wirtschaftlichen Ruins bedeuten[34]. Der Eingriff in das Selbstbestimmungsrecht des Konsumenten ist dem Verbraucherschutzrecht nicht neu. Der Staat schützt die Sicherheit und Gesundheit des Verbrauchers, indem er den Verkauf gefährlicher, möglicherweise billiger Produkte untersagt[35]. Der Staat muß erst recht eingreifen, wenn der Verbraucher durch extreme Zinsverpflichtungen seine wirtschaftliche Existenz und die seiner Familie aufs Spiel setzt[36].

Daß der Verbraucher vor allen wegen extremer Kosten „gefährlicher" Kreditverträgen unabhängig davon geschützt werden muß, ob sein Geldgeber einen übermäßigen Gewinn anstrebt oder nicht, ist bisher nicht hinreichend erkannt worden. Der BGH begründet zwar in einer Entscheidung die Sittenwidrigkeit eines gewerblichen Darlehens damit, daß Zinsen in dieser Höhe zum wirtschaftlichen Zusammenbruch des Schuldners führen müßten[37]. Eine Weiterentwicklung des Wucherbegriffes vom Schutz vor Ausbeutung zum Schutz vor Schädigung unabhängig vom Gewinnstreben blieb aber aus. Gerade diese Entwicklung wäre für den Schutz des Konsumentenkreditnehmers besonders wichtig gewesen. Abzulehnen ist daher auch die Ansicht von Scholz, der unter Berufung auf die hohen Refinanzierungskosten der Teilzahlungsbanken sowie dem Kreditrisiko die Effektivverzinsung eines Konsumentenkredites von 35 % nicht in jedem Fall für sittenwidrig hält[38].

Das Verbot der Kreditaufnahme zu hohen Zinsen bei hohen Risiken kann in Einzelfällen zu sozialen Härten für die Betroffenen führen. Ein Argument gegen Zinsbegrenzungen läßt sich daraus nicht herleiten. Die Befriedigung eines trotz hoher Risiken aus sozialen Gründen erforderlichen Kreditbedarfes ist Aufgabe der Gemeinschaft und darf nicht dem nach Gewinnmaximierung arbeitenden Unternehmer überlassen bleiben.

In Kanada wird ein Hilfsprogramm für einkommensschwache Darlehensnehmer diskutiert, das staatliche Kreditversicherungen und Kreditbürgschaften vorsieht[39]. Diese Hilfe soll aber nur jenen Verbrauchern gewährt werden, die in geordneten finanziellen Verhältnissen leben und nicht bereits überschuldet sind[40]. Die Befriedigung des Kreditbedarfes sozial schwacher Verbraucher könnte auch durch die Gründung von Selbsthilfeorganisationen

---

[34] vgl. Crowther Report, chapter 6.6.6. (S. 275 f.); Wallace, Boston U. L. Rev. 56 (1976), 451, 458.
[35] vgl. v. Hippel, Verbraucherschutz, S. 11, 39 ff.; ders., RabelsZ 40, (1976), 513, 518 f.
[36] vgl. Wallace, Boston U. L. Rev. 56 (1976), 451, 458 f.
[37] Urt. v. 15. 2. 1956, WPM 1956, 459, 460.
[38] BB 1974, 1605 f.
[39] v. Hippel, Verbraucherschutz, S. 135; Pitch, Ottawa L. Rev. 5 (1972), 332 f.
[40] Pitch, S. 333.

(Kreditgenossenschaften) erleichtert werden[41]. Alle Maßnahmen zum Schutz des einkommensschwachen Verbrauchers sollten langfristig darauf gerichtet sein, nicht die Kreditwürdigkeit einem durch die allgemeine Werbung übersteigertem Konsum- und Kreditbedürfnis anzupassen, sondern dem einzelnen eine seinem durchschnittlichen Einkommen angemessene Lebensweise zu ermöglichen.

Zinsbeschränkungen erfassen mit ihrer starren Grenze allerdings nicht alle denkbaren Wucherfälle. Möglich bleibt weiterhin die Ausbeutung unerfahrener Verbraucher, die für den Geldgeber ein besonders geringes Risiko darstellen.

So haben sich eine Reihe von Geldverleihern auf Verträge mit Beamten und Zeitsoldaten spezialisiert[42]. Wegen des sicheren Einkommens dieser Berufsgruppen ist die Kreditvergabe — gesichert durch eine Gehaltsabtretung — fast risikolos. Gerichtsentscheidungen, die das besonders niedrige Risiko dieser Verträge berücksichtigen, sind nicht bekannt.

Man könnte daran denken, mehrere nach dem Kreditrisiko gestaffelte Höchstgrenzen festzusetzen. Da die Ausbeutung von Kreditnehmern mit besonders geringem Risiko weniger sozialschädlich ist als die Ausbeutung einkommensschwacher Schichten und die Ausbeutung der Unerfahrenheit zudem wirksam durch verstärkte Information (Preisvergleiche, Warnungen etc.) bekämpft werden kann, scheint eine besondere Höchstzinsregelung für diese Fälle nicht erforderlich zu sein. Schutz vor Ausbeutung ist hier nur angebracht, wenn anhand der Umstände des Einzelfalles ein auffälliges Mißverhältnis festgestellt wird.

Um einen lückenlosen Schutz des kreditsuchenden Verbrauchers vor Ausbeutung zu gewährleisten, sollte neben den Höchstzinsvorschriften eine dem Vorschlag des Bundesrates entsprechende Regelung gelten.

c) Von entscheidender Bedeutung für jede Form der Kreditwucherbekämpfung ist die Beantwortung der Frage, welche im Zusammenhang mit der Kreditaufnahme entstandenen Kosten den Kreditkosten zugerechnet werden können.

Der Gesetzgeber hat in anderem Zusammenhang den Begriff der Kreditkosten definiert: § 1 Abs. 4 Preisangabenverordnung bestimmt als effektiven Jahreszins den sich aus Zinssatz, Vermittlungskosten und sonstigen Kosten ergebenden Preis des Kredites unter Zugrundelegung der gesamten Laufzeit, des ausgezahlten Betrages und der Tilgungsleistung. Nach § 1a Abs. 1 S. 5 Abzahlungsgesetz ergeben sich die Kreditkosten beim Abzahlungskauf aus der Differenz zwischen Teilzahlungs- und Barzahlungspreis.

Nach fast einhelliger Ansicht gehören zum Entgelt für die Kapitalüberlassung neben den periodisch zu erbringenden Leistungen auch die an den Geldgeber zu zahlenden Kredit-, Antrags-, Bearbeitungs-, Auskunfts- und ähnliche Gebühren[43]. Umstritten ist die Einbeziehung von

---

[41] dafür v. Hippel, Verbraucherschutz, S. 134 f. unter Hinweis auf Crowther Report S. 379 ff.
[42] siehe oben, I 1, Text zu Fn. 6.
[43] Vgl. OLG Braunschweig, Urt. v. 11. 8. 1964, BB 1965, 847; OLG Köln,

Provisionen selbständiger Kreditvermittler (1) sowie die Behandlung der Restschuldversicherungsprämie (2).

(1) Mit der Anrechnung der *Vermittlungskosten* selbständig handelnder Kreditmakler auf die Kreditkosten eines Darlehens befaßte sich als erstes das OLG München in seiner Entscheidung vom 28. 9. 1965[44]. Das Gericht hatte die Wirksamkeit eines Darlehens von 2000,— DM mit einer 18-monatigen Laufzeit zu beurteilen, für das neben Zinsen und Gebühren von 290,50 DM noch 405,— DM an eine Kreditvermittlerfirma zu zahlen waren. Nach Ansicht des Senats mußte sich die Bank die dem Finanzierungsinstitut zufließenden Vermögensvorteile dann anrechnen lassen, wenn das Institut als Erfüllungsgehilfe der Bank tätig geworden war. Hierfür war nicht der Nachweis wirtschaftlicher Beziehungen erforderlich. Es genügte vielmehr, daß der Vermittler tatsächlich mit der Bank zusammenarbeitete, etwa, indem er die Einkommens- und Vermögensverhältnisse der Antragsteller überprüfte und beim Ausfüllen der ihm von der Bank überlassenen Vordrucke behilflich war. Wenn die Bank durch die Einschaltung von Vermittlern ihren Tätigkeitsbereich und damit auch ihre Verdienstmöglichkeiten erweitert, müsse dem auch eine Erweiterung des Verantwortungsbereiches gegenüber ihrem Kunden gegenüberstehen[45]. Andere Gerichte sind dieser Entscheidung gefolgt[46]. Auch die Vertreter der Bankwirtschaft bekennen sich zu ihrer Verantwortung gegenüber ihren Kunden[47].

Scholz verweist ausdrücklich auf die vom Bundesaufsichtsamt für das Kreditwesen erlassenen Regeln für das Teilzahlungsfinanzierungsgeschäft vom 24. 8. 1964, nach denen Kreditgeschäfte, die mit überhöhten Vermittlungsentgelten belastet sind, einer seriösen Geschäftsführung widersprechen[48]. Seiner Ansicht nach soll die Provision aber nur insoweit bei der Bestimmung des Effektivzinses berücksichtigt werden, als der Vermittler Aufgaben übernimmt, die normalerweise der Bank zufallen. Sonderleistungen, etwa die Aufnahme des Darlehensantrages in der Wohnung des Kunden, möglicher-

---

Urt. v. 23. 9. 1966, NJW 1966, 2217; Urt. v. 28. 6. 1968, NJW 1968, 1934, 1935; KG, Urt. v. 26. 9. 1974, WPM 1975, 128; OLG Nürnberg, Urt. v. 28. 10. 1975, MDR 1976, 399; OLG Düsseldorf, Urt. v. 5. 12. 1975, MDR 1976, 663, 664; Ostler/Weidner § 6 AbzG Anm. 90; Scholz, BB 1974, 1605; ausführlich Belke, BB 1968, 1219, 1222 f.; a. A. Scholten, NJW 1968, 385 f. unter Hinweis auf OLG Hamm, Urt. v. 12. 12. 1963 (unveröffentlicht). Das OLG Hamm hat seine frühere Ansicht aufgegeben, vgl. Urt. v. 22. 1. 1973, NJW 1973, 1002, 1003.

[44] NJW 1966, 836 ff.
[45] OLG München, NJW 1966, 836, 837.
[46] OLG Köln, Urt. v. 28. 6. 1968, NJW 1968, 1934, 1935; KG, Urt. v. 26. 9. 1974, WPM 1975, 128, 129; OLG Nürnberg, Urt. v. 28. 10. 1975, MDR 1976, 399; LG München I, Urt. v. 30. 6. 1976, NJW 1976, 1978 f.; ebenso Palandt/Heinrichs § 138 Anm. 4 a; Reich, in: Handbuch des Verbraucherrechts, Gruppe 50 Rdz. 29; Reich, NJW 1977, 636 f.; Freund, NJW 1977, 636.
[47] vgl. Scholz, TW 1967, 148 ff.; Schmidt, Protokolle VII, 2572 ff.
[48] TW 1967, 148 ff.

weise nach Feierabend, seien mit den üblichen Zinsen nicht abgegolten und müßten daher gesondert berechnet werden[49].

Das OLG Köln lehnte es als erstes ab, die Provision des Finanzmaklers auf die Kosten eines Zwischenfinanzierungskredites anzurechnen. Die Tätigkeit des Vermittlers berühre das Verhältnis der Bank zu ihrem Kunden selbst dann nicht, wenn Makler und Bank zusammenarbeiten[50]. Für die richtige Einschätzung dieses Urteils ist es von Bedeutung, daß das Gericht — leider ohne nähere Begründung — den Kreditschuldner ausdrücklich als nicht schutzwürdig und schutzbedürftig bezeichnete.

Von der bisherigen Rechtsprechung zur Berücksichtigung der Vermittlerprovision bei Teilzahlungskrediten hat sich das OLG München nunmehr ausdrücklich distanziert[51]. Das Gericht unterschied — wie schon das OLG Köln[52] — streng danach, aus welchem rechtlichen Verhältnis die Ansprüche herrührten. Da die Maklerprovision nicht Teil der für die Kapitalüberlassung geschuldeten Vergütung, sondern aufgrund der Rechtsbeziehungen des Antragstellers zum Vermittler entstanden sei, stünden sich die beiderseitigen Verpflichtungen nicht als Leistung und Gegenleistung gegenüber, mag das Vermittlungsinstitut auch mit der Teilzahlungsbank zusammenarbeiten. Die Bank erfülle daher, wenn sie — wie banküblich — von der Darlehensvaluta die Vermittlungsprovision einbehalte und an das Finanzierungsinstitut überweise, eine dem Kreditnehmer obliegende Pflicht. Auch dieser Teil der Darlehensvaluta sei daher durch Zahlung an einen Dritten dem Vermögen des Darlehensnehmers zugeflossen[53].

Eine Ausklammerung der Vermittlerprovision bei der Feststellung des auffälligen Mißverhältnisses, die in dem vom OLG München entschiedenen Fall den effektiven Jahreszins von 33,9 % auf ca. 24 % reduzierte, ist abzulehnen[54]. Für den Kreditnehmer ist nicht ausschlaggebend, aufgrund welcher Rechtsbeziehungen er an wen zu leisten hat, sondern wie sich die Gesamtbelastungen zu den Gesamtvorteilen verhalten. Wirksamen Schutz vor Ausbeutung oder übermäßiger Verschuldung bietet nur eine einheitliche Bewertung des gesamten Vorganges. Aus diesem Grund haben alle ausländischen Kreditgesetze die Vermittlungsprovision, gleichgültig, an wem sie zu zahlen ist, ausdrücklich den

---
[49] Scholz, BB 1974, 1605.
[50] Urt. v. 4. 11. 1971, WPM 1973, 156, 157.
[51] Urt. v. 27. 2. 1976, NJW 1977, 152; ebenso schon LG Stuttgart, Urt. v. 19. 2. 1975, TW 6/1976 S. 26; LG München I, Urt. v. 20. 11. 1975, MDR 1976, 399; AG Weilheim, Urt. v. 7. 5. 1976, TW 2/1977 S. 21.
[52] Urt. v. 4. 11. 1971, WPM 1973, 156, 157.
[53] OLG München, NJW 1977, 152.
[54] Ebenso die Anmerkungen von Freund, NJW 1977, 636, und Reich, NJW 1977, 636 f.

3. Spezielle Regelung des Konsumentenkreditwuchers

Kreditkosten zugerechnet[55] oder selbständige Provisionsforderungen gegenüber dem Konsumenten sogar verboten[56].

Für eine einheitliche Betrachtung spricht aber auch das gemeinsame, gewissermaßen arbeitsteilige Vorgehen von Makler und Bank. Der Vermittler übernimmt die Anwerbung der Kunden. Da er sich auf diesen Teil des Gesamtgeschäfts spezialisiert hat, ist er in der Lage, potentielle Kreditnehmer gezielter anzusprechen, als dies im Massengeschäft der Banken möglich wäre. Er führt der Bank also Kunden zu, die, obwohl kreditwürdig, aus Unwissenheit, falscher Scham oder aus anderen Gründen den Weg zur Bank ohne die „Hilfe" des Maklers nie gefunden hätten. Als Gegenleistung für die Erweiterung ihres Kundenstammes garantiert die Bank dem Vermittler die sofortige Auszahlung seiner Provision. Sie nimmt ihm damit die Mühe ab, die häufig die Grenze des Wuchers überschreitende Forderung selbst eintreiben zu müssen, und verdient, da sich dadurch das Kreditvolumen erhöht, an diesem Dienst auch noch zusätzlich.

Welche Bedeutung diese Arbeitsteilung für die Banken hat, ist in dem vom Verband der Finanzkaufleute eingeleiteten Kartellverfahren auf Beteiligung der Kreditvermittler am SCHUFA-Auskunfts-Clearing besonders deutlich geworden. In der öffentlichen Anhörung beim Bundeskartellamt erklärten die Vertreter der Teilzahlungsbankenverbände, daß für einen Teil der Teilzahlungsbanken wegen des fehlenden Zweigstellennetzes die Zusammenarbeit mit Kreditvermittlern lebensnotwendig sei[57].

Wenn die Bank aus der Tätigkeit des Finanzierungsmaklers Vorteile zieht, muß sie auch für die Angemessenheit der Gesamtbelastung einstehen[58].

Zu dem gleichen Ergebnis hätte das OLG München im jüngst entschiedenen Fall auch bei einer formellen Trennung von Kredit- und Maklervertrag kommen können. Bei einem Darlehensvertrag über 6500,— DM ist eine Vermittlungsprovision von 500,— (= 7,7 %) angesichts üblicher 3 %[59] sittenwidrig und daher nichtig. Die Bank hat also auf eine nichtige Forderung geleistet und daher das Vermögen des Kreditnehmers insoweit nicht erhöht.

Die aus überhöhten Provisionen sich ergebende wucherische Gesamtbelastung darf der Kreditnehmer dem Kreditgeber auch nach der herrschenden Meinung nur entgegenhalten, wenn die Bank die Gesamtbe-

---

[55] z. B. Art. 3 des französischen Gesetzes Nr. 66—1010; UCCC sec. 2.109, 3.109 (ausgenommen sind die Kosten von Vermittlungen, von denen der Geldgeber nichts wußte).

[56] Art. 2 Schweizer Interkantonales Konkordat; Art. 42 niederländisches Konsumentenkreditgesetz.

[57] Henke, TW 6/1977 S. 16, 18.

[58] Siehe die grundlegende Entscheidung des OLG München, Urt. v. 28. 9. 1956, NJW 1966, 836 ff., die dasselbe Gericht im Urteil vom 27. 2. 1976 nicht einmal erwähnt hat.

[59] vgl. BGH, Urt. v. 22. 1. 1976, Betr. 1976, 573; OLG Köln. Urt. v. 29. 6. 1961, MDR 1962, 52.

lastung kannte, sei es daß sie die Provision gleich abzog, sei es daß besondere Indizien auf eine enge Zusammenarbeit schließen ließen[60]. Der Nachweis dieser Kenntnis läßt sich praktisch leicht vermeiden.

Beispielsweise könnte die Bank eine Finanzierung der Maklerprovision ablehnen. Für den Konsumenten hätte dies den Vorteil, daß er den Wuchereinwand gegenüber dem Vermittler selbst geltend machen kann und jener das Prozeß- und Kostenrisiko einer gerichtlichen Durchsetzung seiner Courtage trägt. Praktisch wäre die Verbesserung des Schutzes aber gering. Wer so geschäftsunerfahren oder so unter Druck ist, daß er die Hilfe eines Maklers in Anspruch nehmen zu müssen glaubt, statt selbst Banken aufzusuchen, wird auch dem Zahlungsverlangen des Vermittlers wenig Widerstand entgegensetzen. Zudem wird ein Kreditmakler auch ohne Hilfe der Bank Mittel und Wege finden, um sich aus der Darlehensvaluta zu befriedigen[61].

Lückenloser Schutz des kreditsuchenden Verbrauchers setzt also voraus, daß neben den Ansprüchen der Bank keine dem Institut unbekannten Forderungen Dritter bestehen. Der einfachste Weg ist ein generelles Verbot, für die Vermittlung von Konsumentenkrediten vom Verbraucher eine Provision zu verlangen.

Ein entsprechendes Verbot sieht Art. 2 des Schweizer Interkantonalen Konkordats vor. Er lautet: „Wer Darlehen oder Kredite vermittelt, darf weder vom Kreditnehmer noch vom Borger eine Entschädigung oder eine Kostenrückerstattung fordern." Auch Art. 42 des niederländischen Konsumentenkreditgesetzes verbietet dem Kreditvermittler, von jemand anderem als dem Geldgeber Zahlungen zu fordern oder anzunehmen.

Von einem Verbot dieser Art kann eine wirksame Bekämpfung der bei der Kreditvermittlung aufgetretenen Mißstände erwartet werden. Der Makler müßte sein Entgelt von der Bank fordern. Ihm steht nicht mehr der vielfach unerfahrene und geschäftsungewandte Verbraucher als Vertragspartner gegenüber, sondern ein Geldinstitut. Hohe Vermittlungskosten wird die Bank im allgemeinen nicht einfach durch eine Erhöhung ihrer Kreditgebühren an den Verbraucher weitergeben können, ohne dadurch ihre Position auf dem Markt unvermittelter Konsumentenkredite zu schädigen. Da die Provision den Gewinn des Geldinstitutes schmälert, hat dieses ein eigenes Interesse daran, die Vermittlungskosten in angemessenen Rahmen zu halten. Im Ergebnis würde ein Verbot selbständiger Forderungen für die Vermittlung von Konsumentenkrediten die Interessen der Bank dem Verbraucherschutz nutzbar machen.

(2) Schwieriger ist die Beurteilung von *Restschuldversicherungen*. Restschuldversicherungen sind im allgemeinen kombinierte Lebens-, Krankentagegeld- und Unfallversicherungen, bei denen die Höhe der

---

[60] Im vom OLG München 1965 entschiedenen Fall war Finanzmakler ein aus der Teilzahlungsbank gerade ausgeschiedener Gesellschafter.
[61] Beispielsweise indem Auszahlungen des gesamten Betrages an den Vermittler oder einen von ihm genannten Vertreter vereinbart wird.

3. Spezielle Regelung des Konsumentenkreditwuchers

Versicherungsleistung der monatlichen Belastung bzw. im Todesfall den noch ausstehenden Kreditschulden entspricht[62].

Die bisherige Praxis der Gerichte, die Restschuldversicherungsprämie den Kreditkosten zuzurechnen[63], stieß in jüngster Zeit in Rechtsprechung und Literatur zunehmend auf Kritik[64].

Mit der Einordnung der Restschuldversicherungsprämie hat sich eingehend Scholz befaßt[65]. Nach Scholz dient die Restschuldversicherung dem speziellen Sicherungsbedürfnis des Konsumentenkreditnehmers und seiner Familie, da die Erfüllung der Zahlungsverpflichtungen bei Tod oder Arbeitsunfähigkeit des Ernährers nur unter großen Schwierigkeiten möglich sein wird. Der Abschluß einer Restschuldversicherung liege in erster Linie im Interesse des Kreditschuldners, der bei Eintritt des Versicherungsfalls von seiner Leistung frei wird. Die Tatsache, daß die Prämie üblicherweise mitfinanziert wird und zwischen dem Kreditgeber und dem Versicherer ein Rahmenvertrag besteht, habe auf die rechtliche Beurteilung keinen Einfluß[66]. Scholz vergleicht die Restschuldversicherung mit Sachversicherungen, die regelmäßig bei bestimmten Kaufpreisfinanzierungen abgeschlossen werden (z. B. Vollkaskoversicherung für ein finanziertes Kfz.) und deren Prämien nach allgemeiner Ansicht nicht die Kreditkosten erhöhen[67]. Er verweist schließlich auf eine Stellungnahme des Bundesministers für Wirtschaft zu § 1 Abs. 4 PrAngVO, nach der die Restschuldversicherungsprämie nicht in die Effektivverzinsung aufzunehmen ist, da diesen Kosten eine vom Kredit unabhängige Gegenleistung gegenübersteht[68].

Die Argumentation von Scholz überzeugt nicht.

Der Abschluß einer Versicherung, die dem Kreditschuldner das Risiko einer auf Tod oder Arbeitsunfähigkeit beruhenden Vermögensverschlechterung abnimmt, ist im Interesse des Konsumenten zu begrüßen.

---

[62] Scholz, MDR 1976, 281, 282.
[63] KG, Urt. v. 26. 9. 1974, WPM 1975, 128, 129; OLG Nürnberg, Urt. v. 28. 10. 1975, MDR 1976, 399; OLG Köln, Urt. v. 28. 6. 1968, NJW 1968, 1934, 1935.
[64] ablehnend OLG München, Urt. v. 27. 2. 1976, NJW 1977, 152; LG München I, Urt. v .20. 11. 1975, MDR 1976, 399; LG Stuttgart, Urt. v. 19. 2. 1975, TW 6/1976 S. 26, das die Prämie aber zum Teil als Vergütung für die Überlassung des Kapitals und damit als Zins ansehen will, weil der Versicherungsschutz beiden Parteien zugutekommt; Scholz, MDR 1976, 281 ff.; ders., BB 1974, 1605; ders., MDR 1974, 881, Fn. 2; Giese, TW 3/1975 S. 29; Schulz, TW 1/1977 S. 24.
[65] insbesondere MDR 1976, 281 ff.
[66] MDR 1976, 281.
[67] MDR 1976. 281 f.
[68] „Tagesnachrichten des Bundesministers für Wirtschaft" v. 16. 8. 1973 Nr. 6.784 S. 4; vgl. o. V., Aktuelle Beiträge zur Wirtschafts- und Finanzpolitik Nr.

III. Reformvorschläge zum materiellen Recht

Zum Schutz des Verbrauchers vor den Folgen unverschuldeter Zahlungsunfähigkeit sollte der Versicherungsschutz auch auf andere, die Erfüllung des Vertrages gefährdenden Risiken, auf die der Schuldner keinen Einfluß hat, ausgedehnt werden. Wallace weist darauf hin, daß auch der Verlust des Arbeitsplatzes oder die finanziellen Mehrbelastungen infolge einer Ehescheidung häufig die Ursachen für das Ausbleiben der Zahlungen sind[69]. Er schlägt eine Versicherung vor, die alle unverschuldeten Zahlungseinstellungen abdecken soll[70]. Die Problematik eines so weitgehenden Versicherungsschutzes liegt in der exakten Trennung von verschuldeten und unverschuldeten Risiken.

Die Restschuldversicherungsprämie bringt auch dem Kreditinstitut wesentliche Vorteile. Sie erspart es ihm, die Schuld durch Zwangsmaßnahmen gegen den kranken Kreditnehmer oder seine Hinterbliebenen durchsetzen zu müssen. Schulz verweist zu Recht auf das negative Image, das eine Bank nur zu leicht erhalten kann, die in dieser Situation ihr Recht mit Zahlungsbefehlen oder mit Hilfe des Gerichtsvollziehers durchzusetzen versucht[71].

Darüber hinaus stehen aber auch handfeste wirtschaftliche Interessen des Kreditgebers auf dem Spiel. Da der Verbraucher sein Einkommen aus der Verwertung seiner Arbeitskraft zieht, müßte die Bank bei Tod oder Arbeitsunfähigkeit des Schuldners ihre Forderung in vielen Fällen als uneinbringlich abschreiben. Eine Pfändung in das bewegliche Vermögen des Schuldners wird vielfach an § 811 ZPO scheitern. Der Kreditgeber kann sich zwar durch Sicherungsübereignungen schützen, die nach herrschender Meinung auch bei pfändungsfreien Gegenständen zulässig sind[72]. Der Durchsetzung des Herausgabeanspruchs wird aber nicht selten § 765 a ZPO entgegenstehen, da der Verlust notwendigen Hausrats für die Familie des arbeitsunfähigen oder verstorbenen Schuldners eine mit den guten Sitten nicht vereinbare Härte bedeutet[73].

An dieser Stelle wird auch der Unterschied zwischen Sach- und Restschuldversicherung deutlich. Der Untergang der finanzierten Sache stellt nicht die Zahlungsfähigkeit des Verbrauchers in Frage. Da die Nachteile des Verlusts in erster Linie ihn treffen, liegt die Sachversicherung in seinem Interesse. Die Restschuldversiechrung greift dagegen in bestimmten Fällen potentieller Zahlungsunfähigkeit ein und liegt gerade deshalb auch im Interesse der Bank.

79/1973 v. 13. 8. 1973, Beispiel d; gleicher Ansicht Ungnade, WPM 1975, 1078, 1080.

[69] Boston U. L. Rev. 56 (1976), 451, 468.
[70] S. 468 ff.
[71] Schulz, TW 1/1977 S. 24.
[72] BGH, Urt. v. 28. 11. 1960, WPM 1961, 243, 244; OLG Braunschweig, Urt. v. 21. 9. 1961, MDR 1962, 303; OLG Frankfurt, Urt. v. 9. 3. 1972, NJW 1973, 104, 105; Palandt/Heinrichs § 138 Anm. 5 q; Gerhardt, JuS 1972, 696 ff.; a. A. OLG Stuttgart, Urt. v. 21. 10. 1970, NJW 1971, 50.
[73] OLG Frankfurt, NJW 1973, 104, 105.

3. Spezielle Regelung des Konsumentenkreditwuchers

Im Gegensatz zu der von Scholz vertretenen Ansicht[74] ist die Restschuldversicherungsprämie nicht Teil des Barzahlungspreises im Sinne des § 1 a AbzG. Die Vermittlung einer Vollkaskoversicherung über den Verkäufer kommt auch bei Barkäufen eines PKWs vor. Das Anerbieten, gleichzeitig auch eine Lebens- und Invaliditätsversicherung abzuschließen, wäre ohne Teilzahlungsvereinbarung wohl ungewöhnlich.

Da die Restschuldversicherung Kreditgeber und Kreditnehmer zugutekommt, könnte man daran denken, ihre Prämie teilweise den Kreditkosten zuzurechnen[75]. Eine allgemeingültige Aufteilung ist aber nicht möglich, da sich der Nutzen der Versicherung für das Geldinstitut nach der allgemeinen Vermögenslage sowie den sonstigen Sicherheiten richtet.

Der UCCC läßt Restschuldversicherungsprämien ohne Anrechnung auf die Kreditkosten zu, wenn der Kreditgeber den Abschluß einer Versicherung dem Kunden freigestellt hat[76]. Der Regelung liegt der zutreffende Gedanke zugrunde, daß das Geldinstitut auf einer Versicherung bestehen wird, wenn es sich davon eine erhebliche Senkung seines Ausfallrisikos verspricht. In der Praxis hat sich das Merkmal der „Freiwilligkeit" auf eine zusätzliche Unterschrift reduziert, mit der der Kunde die Restschuldversicherung beantragt[77].

Ein wirksamer Schutz des Verbrauchers setzt eine Limitierung der Gesamtbelastungen voraus. Daher sollten bei der Feststellung, ob die Kreditkosten die allgemeine oder erst im Einzelfall zu bestimmende Grenze des Zulässigen überschreiten, die Restschuldversicherungsprämie den Kosten zugerechnet werden. Verbraucher, die nur zu überdurchschnittlichen Zinsen noch Kredit bekommen, sind regelmäßig nicht in der Lage, ausreichende Sicherheiten zu bieten. Da das Ausfallrisiko der Bank im Falle von Tod oder Arbeitsunfähigkeit bei diesem Personenkreis besonders groß ist, kommt die Restschuldversicherung hier wirtschaftlich weitaus mehr als sonst dem Kreditgeber zugute.

Die Berücksichtigung der Versicherungsprämie bei der Feststellung der Wuchergrenze widerspricht auch nicht, wie Scholz meint[78], der abweichenden Kreditkostenbestimmung für § 1 Abs. 4 PrAngVO. Aufgabe der Preisangabenverordnung ist es lediglich, die Vergleichbarkeit von Krediten zu erleichtern. Da beim normalen Darlehensvertrag mit ausreichenden Sicherheiten das Ausfallrisiko der Bank relativ gering ist, liegt der Abschluß der Restschuldversicherung mehr im Interesse des Kunden. Daher ist es hier gerechtfertigt, aus Gründen der Einheitlichkeit beim Preisvergleich die Vorteile der Versicherung für die Bank zu vernachlässigen.

Eine Höchstzinsschranke, die die Prämie für Restschuld- und andere das Ausfallrisiko der Bank mindernde Versicherungen nicht einbezieht,

---

[74] MDR 1976, 281, 282 f.
[75] Für hälftige Aufteilung: LG Stuttgart, Urt. v. 19. 2. 1975, TW 6/1976 S. 26.
[76] Sec. 2.202, 3.202 UCCC, unten Anl. 8; ebenso sec. 106 Consumer Credit Protection Act, USCA Title 15 § 1605.
[77] König S. 23.
[78] BB 1974, 1605; MDR 1976, 281, 282 f.

wird ihrer Aufgabe, übermäßige Verschuldung zu verhindern, nicht gerecht.

d) Ein Gesetz zum Schutz des Verbrauchers vor überhöhten Kreditkosten, wie es hier vorgeschlagen wird, könnte folgende Form haben:

§ 1 Dieses Gesetz gilt für alle der Befriedigung eines Geldbedürfnisses dienenden Verträge, wenn der Kredit einer natürlichen Person gewährt wird, zur persönlichen Verwendung, zur Verwendung für die Familie oder im Haushalt bestimmt ist und den Betrag von 25 000,— DM nicht überschreitet.

§ 2 Kreditkosten im Sinne der folgenden Vorschriften sind alle dem Kreditnehmer aus Anlaß des Vertrages entstehenden Kosten. Hierzu gehören insbesondere Vermittlungsprovisionen und Prämien für Restschuldversicherungen.

§ 3 Eine Vereinbarung von Kreditkosten ist nichtig, soweit sie das übliche Entgelt dergestalt überschreiten, daß sie in auffälligem Mißverhältnis zu der Leistung stehen.

§ 4 Eine Vereinbarung von Kreditkosten ist in jedem Fall nichtig, soweit sie die durch Rechtsverordnung nach § 5 festgesetzten Höchstkosten überschreitet.

§ 5 Der Bundesminister der Wirtschaft wird ermächtigt, durch Rechtsverordnung die maximal zulässigen Kreditkosten festzusetzen. Die Höchstgrenzen sollen

— deutlich über den im normalen Kreditverkehr üblichen Kosten liegen,

— gleichzeitig aber eine übermäßige Verschuldung des Kreditnehmers ausschließen.

§ 6 Es ist verboten, für die Vermittlung eines Krediites oder für die Aufwendungen im Falle eines nicht zustandegekommenen Kreditgeschäfts vom Kreditnehmer ein Entgelt oder eine Entschädigung zu verlangen.

§ 7 Ein Verstoß gegen die §§ 3, 4 oder 6 wird als Ordnungswidrigkeit bestraft.

§ 7 Inkrafttreten des Gesetzes

Ob ein Konsumentenkreditgesetz in der Bundesrepublik ergehen wird, hängt von den politischen Kräften, insbesondere vom politischen Einfluß der direkt und indirekt betroffenen Wirtschaftskreise ab und ist daher ungewiß. Den gegenwärtigen Opfern von „Kredithaien" sei ausdrücklich empfohlen, sich neben § 138 BGB auch auf § 134 BGB i. V. m. § 4 WiStG[79] zu berufen.

---

[79] Siehe unten, Anl. 1 c.

3. Spezielle Regelung des Konsumentenkreditwuchers

Die Möglichkeiten der Kreditwucherbekämpfung über § 4 WiStG sind in der bisherigen Diskussion kaum berücksichtigt worden. § 134 BGB i. V. m. § 4 WiStG führt zwar nur zur Teilnichtigkeit des Vertrages[80]. Diese Rechtsfolge tritt aber bereits bei einem objektiven Verstoß gegen das WiStG ein[81], so daß der Nachweis subjektiver Merkmale entfällt. Gegenstand des Sozialwuchertatbestandes können auch Konsumentenkreditzinsen sein, soweit sie nicht der Anschaffung von Luxusgütern dienen[82]. § 4 WiStG setzt als weiteres Merkmal zwar eine Beschränkung des Wettbewerbs oder eine wirtschaftliche Machtstellung voraus. Für den Markt der durch gewerbliche Vermittler oder Geldverleiher zustandegekommenen Konsumentenkreditgeschäfte ist das Fehlen wesentlichen Preiswettbewerbs aber gerade typisch. Schließlich erfordert § 4 WiStG kein auffälliges Mißverhältnis, sondern greift bereits bei unangemessen hohen Entgelten ein. Bei der Bekämpfung überhöhter Kreditkosten sollten auch die rechtlichen Möglichkeiten des Wirtschaftsstrafgesetzes voll ausgeschöpft werden.

---

[80] LG Hamburg, Urt. v. 29. 1. 1971, NJW 1971, 1411; LG Köln, Urt. v. 12. 10. 1964, NJW 1965, 157, 159; Sorgel/Siebert/Hefermehl § 134 Rdz. 22; Palandt/Heinrichs § 134 Anm. 3 b bb); Enneccerus/Nipperdey § 190 II 1 (S. 814 f.).

[81] LG Hamburg, Urt. v. 29. 1. 1971, NJW 1971, 1411, 1412; LG Köln, Urt. v. 12. 10. 1964, NJW 1965, 157, 159; Enneccerus/Nipperdey § 190 II (S. 814); Erman/Westermann § 134 Rdz. 2.

[82] Grundlegend RG, Urt. v. 4. 5. 1926, RGSt 60, 216, 224 ff. zu § 4 PrTrVO.

IV. Reformvorschläge zur Durchsetzung des Wucherverbots

Wie zu Anfang der Arbeit gezeigt[1] hat die Ineffizienz des Wucherverbots viele Gründe. Die unpraktikable Fassung des Wuchertatbestandes und seine zu starre privatrechtliche Folge sind nur eine der Ursachen. Eine Reform, die sich nur auf die Änderung dieser Norm beschränkt, kann daher keinen durchgreifenden Erfolg haben.

Auf die Bedeutung des Wettbewerbs- und Gewerberechts bei der Wucherbekämpfung haben nicht nur die Gutachter Kohlmann und Schachtschabel[2], sondern auch die an der Anhörung Beteiligten[3] hingewiesen. Daß der Gesetzgeber gleichwohl glaubte, den Kreditnehmer allein durch eine Reform des Wuchertatbestandes und eine Verschärfung der Strafen schützen zu können, und andere Maßnahmen, beispielsweise zur Verbesserung der Markttransparenz in den einschlägigen Wirtschaftsbranchen, nicht einmal erwog, gehört zu den vielen Widersprüchlichkeiten der Wirtschaftsstrafrechtsreform.

Die folgenden Ausführungen beschränken sich auf eine Übersicht über die Maßnahmen, die zur verstärkten Durchsetzung des Wucherverbots zweckmäßig erscheinen. Dabei steht der Schutz des Kreditnehmers im Vordergrund.

Ein wirksamer Vollzug des Wucherverbots setzt voraus:

— Maßnahmen, die den Informationsstand des Verbrauchers verbessern (1),

— Maßnahmen, die den individuellen Konsumenten zivilrechtlich vor wucherischen Forderungen schützen (2) und

— Maßnahmen zur verbesserten straf- und verwaltungsrechtlichen Bekämpfung des Wuchers (3).

1. Maßnahmen zur Verbesserung des Informationsstandes

Überhöhte Preise kommen nur in Wirtschaftsbereichen vor, in denen ein wirksamer Preiswettbewerb fehlt. Neben dem Kartellrecht[4] sind daher Maßnahmen, die eine umfassende und wahrheitsgemäße Information des Verbrauchers gewährleisten, von besonderer Bedeutung. Sie

---

[1] Siehe oben, I 3.
[2] Kohlmann S. 5 f.; Schachtschabel S. 12 f., 21 ff.
[3] Insbesondere Kissler, Protokolle VII, 2575 ff.
[4] Zur Bedeutung des Kartellrechts für den Verbraucherschutz: v. Hippel, Verbraucherschutz, S. 83 ff. m. w. N.; ders., RabelsZ 40 (1976), 527 ff. m. w. N.; Günther, WuW 1972, 427 ff.; Schricker, RabelsZ 36 (1972), 315, 326 ff.

1. Maßnahmen zur Verbesserung des Informationsstandes

verhindern — von Zwangslagen einmal abgesehen — nicht nur, daß wucherische Verträge überhaupt zustandekommen, sondern ermöglichen dem Verbraucher darüber hinaus sogar eine optimale Entscheidung, gewähren also auch Schutz vor hohen, aber nicht wucherischen Preisen. Eine Verbesserung des Informationsstandes setzt voraus:

— negativ den Schutz vor irreführender Werbung (a) und
— positiv Kenntnis der für eine optimale Entscheidung erforderlichen Marktdaten (b).

a) Nach § 1 UWG sind Werbemaßnahmen, die gegen die guten Sitten verstoßen, unzulässig. Gemäß § 3 UWG kann gegen irreführende Werbung auf Unterlassen geklagt werden, § 4 UWG stellt wissentlich falsche Werbung sogar unter Strafe.

Das Kölner Institut für angewandte Verbraucherforschung stellt bei einer Repräsentativerhebung im Juli 1974 fest, daß 46 % aller Anzeigen übertriebene Versprechungen enthalten, 6 % zweideutige Aussagen machen, in weiteren 6 % wesentliche Angaben fehlen und in 7 % der Fälle Informationen täuschend dargeboten wurden[5]. Besonders auffallend war die geringe Qualität von Kleinanzeigen[6].

Im besonderen Maße scheint dies für die Werbung gewerblicher Kreditvermittler zu gelten. Täglich finden sich in den deutschen Zeitungen Anzeigen, die den Eindruck zu erwecken suchen, man brauche das Geld nur noch anzufordern[7]. Bei Kleinkrediten wird überwiegend mit dem Versprechen „ohne Bankauskunft" geworben, obwohl heute praktisch jeder gewerblichen Kreditvergabe eine Anfrage bei der Schufa vorausgeht. Soweit die Inserate die Rückzahlungsbedingungen überhaupt erwähnen, sind die Angaben unbestimmt[8], unvollkommen oder irreführend[9]. Auskunfts- und Vermittlungskosten werden grundsätzlich nicht genannt.

Die Bekämpfung der unlauteren Werbung ist bisher unzureichend[10]. Die Verbraucherverbände haben von ihrem Klagerecht nach § 13

---

[5] Verbraucherrundschau, April 1975 S. 5; zum Streit über methodische Fehler und irreführende Behauptungen bei der Untersuchung vgl. die Nachweise bei v. Hippel, RabelsZ 40 (1976), 520 Fn. 37.

[6] Verbraucherrundschau, S. 8.

[7] Beispiele aus den Kleininseraten einer Tageszeitung: „Bar auf die Hand. Jeder, der Geld braucht bis 50 000,— DM. Anrufen und dann Bargeld holen."; „Barkredit beschafft innerhalb einer Stunde..."; „Sie haben Kredit bis 2500,— DM mit nur einer Unterschrift"; „Barkredit per Telefon bestellen"; „Problemlos Bargeld, anrufen — sofortige Kreditentscheidung — dann Bargeld haben!"

[8] „Bankzinsen", „niedrige Raten".

[9] Z. B. „Zinsen und Tilgung: 5000,— DM ab 69,— DM monatlich", Angaben von effektiven Zinsen, die teilweise noch unter den banküblichen Zinsen liegen.

[10] Siehe die Vorschläge bei Wegener, in: Reich/Tonner/Wegener S. 126 ff. zur Verbesserung des Verbraucherschutzes vor unlauterer Werbung.

IV. Reformvorschläge zur Durchsetzung des Wucherverbots

Abs. 1 a UWG bislang nur wenig Gebrauch gemacht[11]. Wirksamer Schutz ist auch nicht von der Selbstkontrolle der Werbewirtschaft zu erwarten[12].

Der Zentralausschuß der Werbewirtschaft (ZAW) hat bisher keine Maßnahmen gegen die Tagesinsertion von „Kredithaien" geplant. Ein direktes Eingreifen über den Deutschen Werberat lehnte der ZAW 1974 mit der Begründung ab, eine Überprüfung von etwa 1000 verschiedenen Zeitungstiteln mit den jeweiligen Kreditanzeigen sei dem ZAW rein organisatorisch nicht möglich[13].

Den Strafverfolgungsbehörden fehlen im allgemeinen die sachlichen Mittel und die spezifischen Fachkenntnisse, um die Werbung wirksam zu kontrollieren[14]. Weshalb die Banken und Sparkassen oder ihre Verbände gegen die vielfach irreführende Werbung der Finanzmakler bisher nicht in größerem Umfang gerichtlich vorgegangen sind, bleibt allerdings unverständlich.

Eine verbesserte Bekämpfung unlauterer Werbung ist von einer erweiterten und verschärften Pönalisierung von Wettbewerbsverstößen, wie sie im Rahmen der Strafrechtsreform erwogen wurde, kaum zu erwarten[15]. Auch der Vorschlag Kohlmanns, bereits die Werbung für wucherische Darlehen unter Strafe zu stellen[16], würde keine Abhilfe schaffen. Da im allgemeinen nicht unter Angabe wucherischer Zinsen geworben wird, wäre der von Kohlmann geforderte Vorbereitungstatbestand praktisch nur zu beweisen, wenn der Wucher wenigstens ins Versuchsstadium getreten, also bereits nach § 302 a StGB strafbar ist.

Eine spürbare Verbesserung könnte dagegen eine Aufklärungspflicht des Werbenden gegenüber den Verbraucherorganisationen über die tatsächlichen Grundlagen einer Werbebehauptung, wie sie der Verbraucherbeirat vorgeschlagen hat, bringen[17].

Den Nachweis der Unrichtigkeit einer Werbeaussage muß nach geltendem Recht der Kläger führen. Die Rechtsprechung bürdet dem Beklagten im Hinblick auf das Gebot der redlichen Prozeßführung eine Darlegungs- und Be-

---

[11] Vgl. v. Hippel, RabelsZ 40 (1976) 520. Wettbewerbsklagen führt nur der Verbraucherschutzverein. Siehe dazu v. Falkenstein, FS E. Ulmer (1973) S. 307 ff.

[12] Kritisch zur Selbstkontrolle v. Hippel, Verbraucherschutz, S. 60 ff.; ders., ZRP 1973, 177, 178 f.; vgl. auch P. Ulmer/Niemeyer, WRP 1975, 549, 550 f.

[13] Notiz, TW 4/1974 S. 38.

[14] Vgl. Schricker, GRUR (Int) 1973, 694, 698; ausführlich Borck, WRP 1973, 245, 246, 247. Gegen Kreditvermittler ist bisher nur das Urteil des BayrObLG v. 22. 11. 1974, WRP 1975, 469 bekannt geworden.

[15] Ausführlich Borck, WRP 1973, 245 ff.; ablehnend auch Albrecht, WRP 1974, 653, 656 ff.

[16] S. 57 ff., 59.

[17] Empfehlung des Verbraucherbeirats zur Verbesserung des Schutzes der Verbraucher gegenüber unlauterer Werbung v. 13. 6. 1975, Punkt IV; vgl. Wegener, in: Reich/Tonner/Wegener S. 132 f. m. w. N.

weislast über die Richtigkeit seiner Aussage ausnahmsweise dann auf, wenn der Kläger keine Möglichkeit hat, den Sachverhalt von sich aus zu vermitteln, dem Beklagten aber eine Erklärung ohne weiteres möglich und zumutbar ist[18]. Um Klarheit über den Umfang des Prozeßrisikos zu schaffen, sollte die Beweislastumkehr aber auch für den vorprozessualen Bereich gelten.

Nach § 1 Abs. 1, 4 Preisangabenverordnung vom 10. 5. 1973[19] ist, soweit für Kredite an Letztverbraucher unter Angabe von Preisen geworben wird, der „effektive Jahreszins", d. h. der Preis in vom Hundert für das Jahr anzugeben, der sich „unter Zugrundelegung der gesamten Laufzeit des Kredites, des ausgezahlten Betrages, der Tilgungsleistung, des Zinssatzes, der Vermittlungskosten und der sonstigen Kosten" ergibt. Obwohl Einigkeit darüber besteht, daß die Preisangabenpflicht gerade auch den Vermittler trifft[20], wird immer noch in erheblichem Umfang mit unrichtigen oder unvollständigen Preisangaben geworben. Bei allem Verständnis für die Arbeitsüberlastung der zuständigen Behörden sollte es möglich sein, wenigstens die Verstöße gegen die Preisangabenverordnung in den größten Tageszeitungen zu verfolgen.

Ultima ratio wäre eine staatliche Reglementierung bzw. ein Verbot der Kreditwerbung, wie es in Frankreich besteht.

Nach Art. 9 Nr. 1 des Gesetzes Nr. 66—1010 ist jede Kundenwerbung in Form einer Beratung oder des Anbietens von Darlehen grundsätzlich untersagt. In einem besonderen Dekret werden die Voraussetzungen geregelt, unter denen Werbung und Reklame ausnahmsweise zulässig ist, Art. 10. Insbesondere muß jede Werbung deutlich die Pauschalzinsen und die Kosten ausweisen. Das Verbot des Art. 9 Abs. 1 gilt nicht für Banken, Sparkassen und ähnliche Institute, Art. 11 Abs. 1.

Zum Schutz vor Irreführung, insbesondere über die Gesundheitsschädlichkeit, hat der deutsche Gesetzgeber bereits die Werbung für Lebensmittel, Kosmetika und Tabakwaren reglementiert bzw. teilweise verboten[21]. Die übermäßige Verschuldung zu extremen Zinsen birgt die Gefahr des wirtschaftlichen Zusammenbruchs in sich, der den Schuldner nicht weniger hart als eine Gesundheitsschädigung trifft. Sollte sich der Eindruck, daß immer noch ein erheblicher Teil Kreditsuchender aufgrund der Werbung mit völlig falschen Vorstellungen zum Kreditgeber

---

[18] BGH, Urt. v. 13. 7. 1962, GRUR 1963, 270, 271 („Bärenfang"); Urt. v. 20. 1. 1961, GRUR 1961, 356, 359 („Pressedienst"); vgl. Baumbach/Hefermehl § 3 UWG Rdz. 118, 119; Reimer/v. Gamm 41. Kap. Rdz. 51 (S. 369 f.) m. w. N.

[19] BGBl. I S. 461.

[20] Amtl. Begründung, Anm. 7 zu § 1, BAnz. v. 24. 5. 1973 (Nr. 97), S. 3, 4; Gelberg § 1 Abs. 4 PrAngVO Anm. 4.2 unter Hinweis auf ein Schreiben des Bundesministers der Wirtschaft v. 26. 10. 1973 an die Verbraucherzentrale Nordrhein-Westfalen; Bender, WRP 1973, 310, 311.

[21] Gesetz über den Verkehr mit Lebensmitteln, Tabakerzeugnissen, kosmetischen Mitteln und sonstigen Bedarfsgegenständen v. 15. 8. 1974, BGBl I S. 1946, §§ 17 ff. 21 f., 27, 29.

IV. Reformvorschläge zur Durchsetzung des Wucherverbots

oder -vermittler geht, bestätigen, dann erscheint eine spezielle Regelung für diesen Bereich dringend geboten.

b) Ein Verbot irreführender Werbung schützt den Verbraucher zwar vor falschen Angaben, gewährleistet aber noch keine positive Information. Eine Informationspflicht — Angabe des effektiven Jahreszinses — besteht nach § 1 Abs. 1, 4 PrAngVO erst beim Vertragsangebot. Diese Vorschrift reicht nicht aus, um dem Verbraucher bei der Kreditvermittlung eine Marktübersicht zu vermitteln und damit ein preisbewußtes Verhalten zu ermöglichen. Kreditvermittlungsverträge werden überwiegend im Büro des Maklers oder in der Wohnung des Schuldners geschlossen; teilweise findet die Vertragsanbahnung auch telefonisch oder schriftlich statt. Wenn der Kreditsuchende sich zu einem persönlichen Gespräch bereitfindet, dann ist der Entschluß zur Aufnahme des Kredits bereits soweit gediehen, daß die Angabe des Jahreszinses im Vertragsformular, deren Bedeutung ein redegewandter Vermittler unschwer herunterspielen kann, praktisch keinen Einfluß mehr hat.

Eine entscheidende Verbesserung der Marktübersicht wäre von einer Erweiterung der Preisangabenpflicht auf die Werbung zu erwarten. Nach französischem Vorbild sollte jedes Inserat einen deutlichen Hinweis auf den effektiven Jahreszins enthalten. Darüber hinaus scheint auch die Angabe der Gesamtkosten als Betrag sowie derjenigen Kosten zweckmäßig, die dem Verbraucher bei einem erfolglosen Kreditauftrag entstehen. Eine Informationspflicht in diesem Umfang würde den Verbraucher zu einer rationellen, d. h. an den Kosten orientierten Wahl seines Vermittlers veranlassen und damit den Preiswettbewerb fördern, der auf diesem Markt weitgehend fehlt. Um einen effektiven Vollzug der Vorschrift zu gewährleisten, sollte auch die Verbreitung von Werbung ohne die erforderlichen Angaben als Ordnungswidrigkeit geahndet werden. Die Ordnungsämter könnten sich dann, statt gegen jeden einzelnen Inserenten vorgehen zu müssen, auf eine Kontrolle der Medienträger beschränken.

Für eine optimale Markttransparenz reicht eine Übersicht über die Kosten allein nicht aus. Vielmehr muß der Verbraucher auch die Leistungsqualität kennen, konkret, die Anforderungen an die Kreditwürdigkeit, die der Darlehensgeber stellt. Insoweit fehlt eine Marktübersicht fast völlig. Vereinzelt haben Teilzahlungsbanken, um sich von den allgemeinen Banken abzugrenzen, in ihrer Werbung die Kriterien dargelegt, unter denen sie über eine Darlehensvergabe entscheiden. In den Kleinanzeigen sind aber, was die Leistungsfähigkeit angeht, maßlose Übertreibungen die Regel. Damit werden die Grenzen einer vorwiegend auf der Werbung der betroffenen Unternehmen beruhenden Information sichtbar[22].

---
[22] Vgl. allgemein v. Hippel, Verbraucherschutz, S. 68.

1. Maßnahmen zur Verbesserung des Informationsstandes

Die Markttransparenz könnte durch eine verstärkte Tätigkeit der Verbraucherorganisationen weiter erhöht werden.

Die Zeitschrift „Test" der Stiftung Warentest gehört nunmehr zu den festen Einrichtungen des Verbraucherschutzes. Im April 1977 erschien sie in einer Auflage von 800 000. Ihre Warentests, die nunmehr auch rechtlich abgesichert sind[23], werden als Kurzfassungen in anderen Zeitschriften durchschnittlich in einer Auflage von 30 Millionen nachgedruckt[24]. Die Stiftung Warentest beschäftigt sich aber nicht nur mit der Qualität von Markenartikeln, sondern berichtet regelmäßig auch über die Dienstleistungen von Banken, Bausparkassen, Versicherungen, Touristikbetrieben und anderen Unternehmen.

Im Auftrag der Arbeitsgemeinschaft der Verbraucher hat das Kölner Institut für angewandte Verbraucherforschung seit 1971 in annähernd 200 mittleren und Großstädten Preisvergleiche überwiegend für höherwertige Gebrauchsgüter durchgeführt[25], deren Ergebnisse mit den vollständigen Namen der billigsten Anbieter über die örtlichen Verbraucherzentralen an die Konsumenten weitergegeben wurden[26]. Über die rechtliche Zulässigkeit und die technische Durchführung der Preisvergleiche besteht zwischen den Wirtschafts und Verbraucherverbänden nunmehr Einigkeit[27]. Die Preisvergleiche der Arbeitsgemeinschaft der Verbraucher sind nicht, wie anfangs erwartet, zu einem vollständig neuen Informationsmodell für den Verbraucher ausgebaut worden. Vielmehr liefern sie nur eine lokale, zeitlich begrenzte Marktübersicht und sollen — nach Auskunft der Verbraucherzentrale Hamburg — in erster Linie den Verbraucher zu eigenen Preisvergleichen anregen.

Die Tätigkeit der Verbraucherorganisationen beschränkt sich auf dem Gebiet des Konsumentenkredites bisher auf vereinzelte Artikel, mehr oder weniger pauschale Warnungen vor „Kredithaien" sowie auf den Ratschlag, die Kosten zu vergleichen.

Zunächst wäre eine empirische Untersuchung über die Auswahlkriterien, anhand derer Banken und andere Geldgeber über die Kreditvergabe entscheiden, erforderlich. Sodann sollten unter Mitwirkung der Wirtschaftsverbände allgemeine Kategorien für die Kreditwürdigkeit eines Schuldners entwickelt werden, innerhalb derer die Kreditvergabebedingungen annähernd gleich sind. Diese Aufgabe könnte die Stiftung Warentest übernehmen, die den Verbraucher auch darüber zu informieren hätte, bei welchen Institutionen er Darlehen welcher Klasse erhält. Wenn sich eine Klasseneinteilung bei Darlehen durchsetzt, werden die Bankinstitute verschiedene Kreditkategorien zu unterschiedlichen Zin-

---

[23] Vgl. BGH, Urt. v. 9. 12. 1975, NJW 1976, 620 ff.
[24] Simitis, Verbraucherschutz, S. 126.
[25] Notiz, Verbraucherpolitische Korrespondenz v. 20. 7. 1976, S. 7.
[26] Zum Untersuchungsverfahren im einzelnen Halbach/Wieken, Verbraucherrundschau, April 1973, S. 3 ff.
[27] Vgl. die vom Deutschen Industrie- und Handelstag beschlossenen Mindestanforderungen an Preisvergleiche, WRP 1974, 543. Die AGV und der DIHT haben sich nun auf gemeinsame Mindestanforderungen geeinigt. Zum früheren Streit vgl. Weihenmeyer, Einzelhandelsberater, Nov. 1972 S. 422 ff., und Halbach/Wieken, Verbraucherrundschau, April 1973 S. 3 ff.

sen nebeneinander anbieten. Falls die Kreditkosten innerhalb einer Klasse erhebliche Unterschiede aufweisen, kann die Information des Verbrauchers durch lokale Preiserhebungen entsprechend den Preistests der Arbeitsgemeinschaft der Verbraucher weiter verbessert werden.

Zum Schutze des kreditsuchenden Verbrauchers sollten bei den örtlichen Verbraucherzentralen regelmäßig Kreditberatungen durchgeführt werden, in denen der Konsument seine persönliche Kreditkategorie erfährt. Diese Maßnahme empfiehlt sich besonders bei weniger kreditwürdigen Schuldnern, bei denen die genaue Einordnung von vielen Faktoren abhängt. Gleichzeitig bietet ein persönliches Gespräch noch am ehesten die Möglichkeit, einen hoch verschuldeten Kreditsuchenden von der weiteren Verschuldung abzuhalten. Wenn sich die Beratung auf die Beurteilung der konkreten Kreditwürdigkeit sowie auf die Übergabe einer Liste mit allen, diese Darlehensklasse anbietenden Instituten beschränkt, dann wird vermutlich auch die Wirtschaft bereit sein, eine Beratungsstelle mit zu finanzieren. Organisatorisch sollte die Beratungsstelle aber von den Wirtschaftsverbänden streng getrennt bleiben, um eine neutrale, bankunabhängige Information des Verbrauchers zu gewährleisten.

2. Maßnahmen zur zivilrechtlichen Bekämpfung

Für den Verbraucher, der einen wucherischen Vertrag abgeschlossen hat, sind Maßnahmen besonders wichtig, die ihn wirksam vor drohenden Vermögensnachteilen schützen und eine verbesserte Durchsetzung der Rückforderungsansprüche bei bereits erfüllten Verträgen ermöglichen.

Die Abwehr der durch den Vollzug des Vertrages drohenden Vermögensnachteile setzt einen aktiven Widerstand des betroffenen Verbrauchers gegenüber der Forderung seines Vertragsgegners voraus.

Als vergleichsweise wirksame Waffe gegen Übervorteilung scheint sich das 1974 eingeführte Widerrufsrecht des Abzahlungskäufers und des Käufers wiederkehrender Leistungen zu erweisen[1].

§ 1 b AbzG gibt dem Käufer die Möglichkeit, die vertraglichen Pflichten innerhalb der Frist durch eine entsprechende Erklärung eindeutig zu beseitigen, ohne den praktisch schwierigen Beweis einer Sittenwidrigkeit führen zu müssen. Die Zahl der Klagen um die Wirksamkeit „an der Haustür" abgeschlossener Geschäfte ging seither stark zurück. Auch das seit dem 1. 1. 1977

---

[1] 2. Gesetz zur Änderung des AbzG v. 15. 5. 1974, BGBl. I S. 1169; zur Regelung im einzelnen Löwe, NJW 1974, 2257, 2259 ff.; Giese, BB 1974, 722 f.; Reich, JZ 1975, 550, 551 ff.; Scholz, MDR 1974, 881, 883 ff.; Holschbach, NJW 1975, 1109 ff.

2. Maßnahmen zur zivilrechtlichen Bekämpfung

in Kraft getretene Gesetz zum Schutz der Teilnehmer am Fernunterricht sieht ein Widerrufsrecht vor[2].

Der Schutz der §§ 1 b, c AbzG ist aber noch unvollständig. Dem Verbraucher, der sich nicht nur zum Abschluß des Vertrages, sondern darüber hinaus auch noch zur Barzahlung oder zum Kauf unter Stundung des Kaufpreises überreden läßt, steht gegenwärtig ein Recht zum Widerruf nicht zu. Um den Bürger gegenüber allen in Übervorteilungssituationen geschlossenen Verträgen, also insbesondere bei Vertragsabschlüssen „an der Haustür", auf „Kaffeefahrten" oder auf anderen Verkaufsveranstaltungen wirksam zu schützen, sollte das Widerrufsrecht entsprechend einem von Bayern eingebrachten Gesetzesentwurf[3] bei allen Verträgen bestehen, zu deren Abschluß der Kunde durch mündliche Verhandlungen außerhalb des ständigen Geschäftsraumes seines Vertragspartners bestimmt worden ist[4].

In allen anderen Fällen kann ein Widerstand gegenüber dem Vollzug der wucherischen Vereinbarung nur erwartet werden, wenn dem Konsumenten die Unwirksamkeit des konkreten Vertrages sowie seine Rechtsmittel gegenüber dem Wucherer auch bekannt sind. Eine Verbesserung des individuellen zivilrechtlichen Schutzes erfordert daher in erster Linie eine Institution, die den betroffenen Verbraucher berät und unterstützt (a). Für eine zuverlässige Rechtsberatung bei wucherischen Verträgen ist eine systematische Sammlung und Veröffentlichung einschlägiger Gerichtsentscheidungen unerläßlich (b). Weiter bleibt zu überlegen, inwieweit der Schuldner vor einer Durchsetzung der wucherischen Forderung im Wege des gerichtlichen Mahnverfahrens besser geschützt werden kann (c). Eine verbesserte Durchsetzung der Rückforderungsansprüche, die dem Verbraucher nach Erfüllung der nichtigen Forderung zustehen, soll unter d) erörtert werden.

a) § 3 Abs. 1 der Bundesrechtsanwaltsordnung weist den Rechtsanwälten die originäre Zuständigkeit für alle Rechtsberatungen zu. Als Rechtsberatungsstelle für Verbraucher sind die allgemeinen Rechtsanwaltspraxen nicht geeignet[5]. Erstens liegt in vielen Fällen der Streitwert so niedrig, daß die Gebühren nicht die Kosten einer sachgerechten Bearbeitung decken[6]. Wenn, beispielsweise bei Kreditwucher, ein höherer Streitwert besteht, wird die Aussicht, noch zusätzlich eine Beratungsgebühr zahlen zu müssen, den Schuldner, der sich schon in Geldschwierigkeiten befindet, von einem Besuch beim Rechtsanwalt abhalten. Zweitens ist eine allgemeine Rechtsanwaltspraxis wegen des verschwindend kleinen Anteils von Verbraucherrechtsberatungen am gesamten Geschäftsbetrieb nicht in der Lage, sich auf die einschlägigen

---

[2] Gesetz v. 24. 8. 1976, BGBl. I S. 2525, § 4 Abs. 1; vgl. Bartl, NJW 1976, 1993, 1996.

[3] Ds. v. 11. 7. 1975, Ds. BR 384/75.

[4] Im einzelnen Bartl, ZRP 1976, 13, 16 f.

[5] Reich, in: Reich/Tonner/Wegener S. 238; vgl. v. Hippel, Verbraucherschutz, S. 91 m. w. N.

[6] Reich, S. 238; Reifner, JZ 1976, 504, 506.

Fragen zu spezialisieren und so die Kosten einer Beratung zu senken. Drittens spielt die Sozialstruktur der bewucherten Verbraucher eine wichtige Rolle. Der überwiegende Teil der Ausgebeuteten kommt aus sozial schwachen Kreisen, die einen Rechtsanwalt erfahrungsgemäß besonders selten aufsuchen.

Nach einer von Reifner in West-Berlin durchgeführten Umfrage unter Personen, die zur Rechtsberatung für Minderbemittelte kamen, hatte nur jeder sechste bereits einen Anwalt konsultiert. Als Gründe wurden u. a. angegeben: „Ein Rechtsanwalt ist zu teuer, ich bin zu arm für einen Rechtsanwalt. Ich weiß nicht, wie ich es beim Rechtsanwalt anfangen soll. Ich wollte außerdem erst einmal eine Beratung und keine Rechtsvertretung. Ich will nicht zum Anwalt. Die Beratung beim Anwalt ist zu oberflächlich. Ich will keinen Prozeß führen. Rechtsanwälten ist es gleichgültig, ob ich gewinne oder verliere, da sie ja ohnehin Gebühren bekommen. Ich hatte noch keinen Kontakt zum Anwalt und kenne daher weder seine Praxis noch seine Möglichkeiten[7]."

Als wichtige Hilfe hat sich die öffentliche Rechtsauskunfts- und Vergleichsstelle in Hamburg (ÖRA) erwiesen[8].

Aufgrund der hohen Zahl von Auskünften — 1974 waren es rund 60 000 — weisen die Beratungen einen hohen Spezialisierungsgrad auf. Da Kostenüberlegungen bei der Beratung entfallen, können die Mitarbeiter — meist ehrenamtlich tätige aktive oder pensionierte Richter — für den einzelnen Fall auch die erforderliche Zeit aufwenden. Die Beratung zielt darauf ab, dem Ratsuchenden möglichst ohne Prozeß zu seinem Recht zu verhelfen. Falls dies nicht möglich ist, können die Mitarbeiter aufgrund ihrer Berufserfahrung sowie der Kenntnisse einschlägiger, auch unveröffentlichter Urteile das Prozeßrisiko realistisch beurteilen und dem Prozeßvertreter gegebenenfalls auch wertvolle Ratschläge geben.

Die öffentliche Rechtsauskunft steht allerdings nur Minderbemittelten offen. Damit beschränkt sich ihr Schutz auf jene Gesellschaftsschicht, aus der zwar viele, aber bei weitem nicht alle Ausgebeuteten kommen. Der Mangel an zuverlässiger rechtlicher Information zu einem dem Streitwert angemessenem Preis besteht aber bei „armen" und „reichen" Verbrauchern gleichermaßen. Die Rechtsberatung des Konsumenten ist keine Aufgabe der Sozialfürsorge, sondern eine Kompensation für die vom Einkommen unabhängige, strukturell schwächere Stellung am Markt[9].

Eine breitenwirksame Verbraucherrechtsberatung könnten dagegen die Verbraucherzentralen leisten[10].

Bereits jetzt nehmen sich die Verbraucherzentralen in nicht unerheblichem Umfang den Beschwerden einzelner Verbraucher an[11]. Da ihnen nach dem

---
[7] Reifner, JZ 1976, 504, 505 f.
[8] Vgl. im einzelnen Schoreit (1974) S. 32 ff.; Baumgärtel (1976) S. 20 ff.
[9] Reich, in: Reich/Tonner/Wegener S. 241.
[10] Reich, S. 240 f.; vgl. v. Hippel, RabelsZ 40 (1976), 513, 531; ders., Verbraucherschutz, S. 105.
[11] Vgl. v. Hippel, Verbraucherschutz, S. 102.

2. Maßnahmen zur zivilrechtlichen Bekämpfung

Rechtsberatungsgesetz aber rechtliche Auskünfte verboten sind[12], beschränkt sich ihre Tätigkeit darauf, eine gütliche Einigung anzustreben oder die Beschwerde an andere Institutionen weiterzuleiten.

Da die Verbraucherzentralen den Verbraucher bereits wirtschaftlich durch Preis- und Qualitätsvergleiche, Aufklärungsaktionen etc. beraten, fällt auch die rechtliche Aufklärung und Beratung sachlich in ihre Kompetenz[13]. Da die Verbraucherzentralen durch ihre Tätigkeit der Bevölkerung weitgehend bekannt sind und ihre Einrichtungen in immer größerem Umfang genutzt werden, hat ein Verbraucherrechtsberatungsdienst hier noch die besten Aussichten, den betroffenen Verbraucher auch zu erreichen. Im Gegensatz zur öffentlichen Rechtsauskunftsstelle entfällt das Eingeständnis der eigenen Bedürftigkeit, das gerade sozial schwachen Bürgern oft schwer fällt und sie möglicherweise hindert, diese Einrichtung aufzusuchen.

Eine zentrale Rechtsberatungsstelle hilft aber nicht nur dem ratsuchenden Konsumenten. Die eingehenden Beschwerden geben gleichzeitig einen Überblick über die bestehenden Mißstände, denen die Verbraucherzentralen nunmehr auch durch selbständiges Handeln — von der Veröffentlichung gezielter Warnungen über die Anzeige bei der Staatsanwaltschaft oder den Aufsichtsämtern bis hin zu Gesetzesvorschlägen — entgegenwirken können. Über den Rechtsberatungsdienst könnte gleichzeitig auch die Effizienz der Verbraucherschutzgesetze kontrolliert werden.

Die Einrichtung eines Verbraucherrechtsberatungsdienstes bei den Verbraucherzentralen erfordert nach geltendem Recht eine Ausnahmegenehmigung gemäß § 1 RBerG[14]. Die Finanzierung der Beratungsstelle stellt kein unlösbares Problem dar, wenn, wie bei der Öffentlichen Rechtsauskunftsstelle Hamburg, für jede Beratung eine geringe Gebühr erhoben wird. Die Kosten der ÖRA betrugen 1974 bei rund 60 000 Beratungen 768 000,— DM[15], eine Beratung kostete im Durchschnitt also weniger als 15,— DM. Wenn es gelingt, auch für den Verbraucherrechtsberatungsdienst ehrenamtliche Mitarbeiter zu gewinnen, dürften die Gebühren die Kosten bereits überwiegend abdecken.

Neben den Verbraucherzentralen können in einigen Wirtschaftsgebieten auch spezielle Schlichtungsstellen die Beratung des Verbrauchers übernehmen, sofern durch eine paritätische Besetzung der Stellen ihre Objektivität und Neutralität gewährleistet wird[16]. Gegenüber einem

---

[12] Allg. Ans., vgl. Amtrup, in Handbuch des Verbraucherrechts, Gruppe oo, Rdz. 8.
[13] Reich, S. 240 f.
[14] Niedersachsen hat seiner Verbraucherzentrale eine entsprechende Ausnahmegenehmigung bereits erteilt, Reich, in: Reich/Tonner/Wegener S. 233.
[15] Baur, NJW 1976, 1380, 1381.

IV. Reformvorschläge zur Durchsetzung des Wucherverbots

allgemeinen Rechtsberatungsdienst haben die Schlichtungsstellen den Vorteil größerer Sachnähe.

b) Der Umfang des Rechtsschutzes einer Norm ergibt sich erst aus den Entscheidungen der Gerichte. Das gilt in besonderem Maße für eine so am Einzelfall orientierte und daher auslegungsbedürftige Vorschrift wie die des § 138 Abs. 2 BGB. Zuverlässige Rechtsberatung setzt daher die Kenntnis einschlägiger Entscheidungen voraus. Bei der Veröffentlichungspraxis liegt aber gerade auf dem Gebiet des Verbraucherschutzes noch vieles im argen[17].

Die Veröffentlichung eines Urteils liegt im Ermessen des Gerichts oder bleibt den Parteien überlassen. Kramer führt als Gründe für die fehlende „Veröffentlichungscourage" der Richter den Mangel an Zeit für eine umfassende Urteilsbegründung, die Furcht vor den Konsequenzen der in einer Entscheidung aufgestellten Regel sowie das Risiko justizinterner und öffentlicher Kritik an. Besondere bei Entscheidungen zu den §§ 138, 242 BGB wird oft eingewandt, es handele sich um eine im Einzelfall getroffene Billigkeitsentscheidung. Von den beteiligten Parteien erschöpft sich das Interesse des Verbrauchers meist in der Durchsetzung seiner individuellen Rechte, während klagende Verbände und Großunternehmen oft nicht nur eine über den Einzelfall hinausgehende Prozeßstrategie betreiben, sondern auch durch gezielte Veröffentlichungen die Rechtsfortbildung zu ihren Gunsten zu beeinflussen suchen. Schließlich ergehen wegen des geringen Streitwerts die meisten rechtskräftigen Entscheidungen zum Verbraucherrecht schon in den unteren Instanzen[18].

Um das Informationsdefizit im Verbraucherrecht abzubauen, sollten die Gerichte von allen verbraucherrelevanten Urteilen der örtlichen Verbraucherzentrale eine Abschrift überlassen, die diese bei grundsätzlicher Bedeutung an eine Zentralstelle zur Veröffentlichung weiterleitet. Als zentrales Publikationsorgan kommt besonders das von der Arbeitsgemeinschaft der Verbraucher und dem Deutschen Gewerkschaftsbund herausgegebene Handbuch des Verbraucherrechts in Frage.

c) Die bisher vorgeschlagenen Maßnahmen zur Abwehr der wucherischen Forderung setzten voraus, daß der betroffene Verbraucher sich von selbst — wenn auch mit Beratung und Unterstützung von Schutzorganisationen — um die Verteidigung seiner Rechte bekümmert. Da ein großer Teil der ausgebeuteten Verbraucher aus sozial schwachen Kreisen kommt, dürfen die Möglichkeiten eines auf eigener Aktivität beruhenden Schutzes nicht überschätzt werden. Zum Schutzes des passiven, d. h. sich auf bloße Zahlungsverweigerung beschränkenden Verbrauchers, sollte versucht werden, wenigstens zu verhindern, daß der

---

[16] Vgl. v. Hippel, Verbraucherschutz, S. 97 ff. unter Hinweis auf die Schlichtungsstelle für das Kraftfahrzeughandwerk Hamburg; Reich, S. 233, kritisch Simitis S. 167 f.
[17] Ausführlich Kramer, ZRP 1976, 84 ff.
[18] Kramer, ZRP 1976, 86—89.

2. Maßnahmen zur zivilrechtlichen Bekämpfung

Wucherer im Rahmen des gerichtlichen Mahnverfahrens unter Ausnutzung der Unerfahrenheit seines Vertragspartners auch noch die staatlichen Vollstreckungsorgane zur Durchsetzung seiner nichtigen Forderung in Anspruch nimmt.

Nach § 691 Abs. 1 ZPO a. F. war das Gesuch auf Erlaß eines Zahlungsbefehls zurückzuweisen, wenn sich bereits aus dem Inhalt des Gesuchs die Unbegründetheit des Anspruchs ergab. Die Schlüssigkeitsprüfung, die in der jetzt geltenden Fassung der ZPO nicht mehr vorgesehen ist[19], gewährte allenfalls Schutz vor besonders ungeschickt formulierten Anträgen[20].

Auch von einer Ermächtigung des Richters, im Falle einer auffälligen Häufung von Anträgen einer Firma von Amts wegen zu prüfen, ob die geltend gemachten Ansprüche auch bestehen oder ob den Verbrauchern Einwendungen zustehen[21], ist keine wesentliche Verbesserung zu erwarten. Abgesehen davon, daß unseriöse Unternehmen eine auffällige Häufung von Mahnbescheiden bei einem Gericht vermeiden können, indem sie ihre Tätigkeit auf mehrere Amtsgerichtsbezirke ausdehnen, werden die Gerichte bei der gegenwärtigen Arbeitsüberlastung kaum bereit sein, mit der Ausübung ihres Ermessens die Zahl der streitigen Verfahren noch zu erhöhen.

Dagegen könnte eine Zusammenarbeit zwischen den Rechtsberatungsstellen der Verbraucherzentralen und den Mahnabteilungen der Gerichte den Schutz des Verbrauchers vor unberechtigten Mahnbescheiden verbessern. Die Beratungsstellen sollten, sobald ihnen Fälle bekannt werden, in denen bestimmte Unternehmen wiederholt wucherische oder aus anderen Gründen unwirksame Forderungen einzuziehen versuchen, die umliegenden Amtsgerichte informieren. Diese stellen mit dem Mahnbescheid dem Schuldner ein von der Beratungsstelle vorbereitetes Informationsblatt zu, in dem der Verbraucher eindringlich auf die Notwendigkeit einer rechtlichen Beratung in seinem Fall hingewiesen wird. Da diese Gruppe der Konsumenten bereits durch ihre Zahlungsverweigerung gezeigt haben, daß sie nicht bereit oder in der Lage sind, die Forderung freiwillig zu erfüllen, wird der Hinweis auf die Notwendigkeit einer rechtlichen Beratung nicht auf taube Ohren stoßen.

d) Schließlich sollte ein vereinfachtes prozessuales Verfahren sicherstellen, daß die dem Ausgebeuteten zustehenden Rückforderungsansprüche auch erfüllt werden. Die Durchsetzung der zivilrechtlichen Rückforderungsansprüche liegt nicht nur im Interesse des betroffenen Schuldners, sondern auch im Interesse der Allgemeinheit. Der Straf-

---

[19] Vereinfachungsnovelle v. 3. 12. 1976, BGBl. I S. 3281, § 691 Abs. 1.
[20] Einziger mir bekannter Fall einer Zurückweisung wegen Wuchers: AG Mönchengladbach, Urt. v. 3. 10. 1961, MDR 1962, 128.
[21] So seit dem 1. 1. 1974 im Staate New York, vgl. v. Hippel, RabelsZ 40 (1976), 513, 531. Erfahrungsberichte liegen noch nicht vor.

richter darf nach § 73 Abs. 1 S. 2 StGB den Verfall der aus der Straftat erlangten Vermögensvorteile nur anordnen, wenn insoweit keine Ansprüche der Verletzten bestehen. Da der Wucherer bei der bekannten Prozeßscheu der Verbraucher derzeit mit einer zivilrechtlichen Klage kaum zu rechnen braucht, verbleibt ihm in der Praxis ein Wuchergewinn, der die Vermögensnachteile einer Geldstrafe mindert oder sogar völlig aufhebt.

Aus diesem Grunde sieht das Wirtschaftsstrafgesetz eine Abschöpfung des Unterschiedsbetrages zwischen dem zulässigen und dem erzielten Preis vor. Bei einem Verstoß gegen die §§ 1—6 WiStG hat die Behörde anzuordnen, daß der Mehrerlös entweder an das Land abzuführen (§ 8 WiStG) oder, soweit ein Antrag des Geschädigten vorliegt, an diesen rückzuerstatten ist (§ 9 WiStG). Die Abführung oder Rückerstattung des Mehrerlöses kann auch durchgeführt werden, wenn ein Straf- oder Bußgeldverfahren unterbleibt (§ 10 WiStG).

Wohl wegen des zusätzlichen Arbeitsaufwandes ordnen die Behörden die Rückerstattung des Mehrerlöses nur relativ selten an. Die Statistik der Mietpreisüberhöhungen weist folgende Zahlen aus[22]:

Jahr	festgestellte/bearbeitete Fälle von Mietpreisüberhöhungen	Abführung des Mehrerlöses (§ 8 WiStG)	Erstattung des Mehrerlöses an den Mieter (§§ 9, 10 WiStG)
1974	4 989	18	273 (6 %)
1975	2 247	26	42 (2 %)

Bei der Reform des Strafrechts hat der Gesetzgeber, um „eine Regelung über das Rechtsverhältnis zwischen dem Staat und dem Verletzten (zu vermeiden), die ... den Rechtsgang unnötig erschweren würde"[23], von einem dem § 9 WiStG entsprechenden Verfahren abgesehen und es ausdrücklich in Kauf genommen, daß der aus der Straftat erlangte Gewinn dem Täter verbleibt[24].

Dieser Zustand ist in Fällen des Wuchers unvertretbar. Wenn der Staat schon nicht von sich aus für den Ausgleich der Vermögensvorteile sorgt, sollte er wenigstens die Verbraucherorganisationen[25] mit der gerichtlichen Durchsetzung der Rückforderungsansprüche betrauen.

Soweit ein strafrechtliches Verfahren durchgeführt wird, bietet sich zur Durchsetzung der Rückforderungsansprüche besonders das Adhäsionsverfahren an[26].

---

[22] Bundesminister für Wirtschaft — I B 4 — 24 81 71/7 —. Die Zahlen sind in den einzelnen Ländern völlig unterschiedlich. Siehe zur Statistik der Mietpreisüberhöhungen oben, I 2 a), Text zu Fn. 21.

[23] Amtliche Begründung zum Entwurf eines Strafgesetzbuches (1962), Ds. BT IV/650 S. 241.

[24] Vgl. den 2. Schriftlichen Bericht des Sonderausschusses für die Strafrechtsreform, Ds. BT V/4095 S. 39; Protokolle V, S. 543; Amtliche Begründung zum Entwurf eines Strafgesetzbuches (1962), Ds. BT IV/650 S. 241.

[25] Organisatorisch kommen entweder die Verbraucherzentralen oder der Verbraucherschutzverein dafür in Frage.

[26] Vgl. zum Adhäsionsverfahren allgemein v. Holst, Diss. Hamburg (1969);

Von der Möglichkeit, zivilrechtliche Ansprüche im Strafprozeß einzuklagen, wird gegenwärtig fast kein Gebrauch gemacht. Das Adhäsionsverfahren ist vielen Geschädigten nicht bekannt und bei den Rechtsanwälten wegen der geringen Gebühren —nach § 89 BRaGebO nur die Hälfte der sonstigen Gebühren — wenig beliebt. Zudem können die Gerichte in jeder Lage des Verfahren gemäß § 405 S. 2 StPO von einer Entscheidung absehen, wenn sich der Antrag zur Erledigung im Strafverfahren nicht eignet oder seine Prüfung das Verfahren verzögern würde, ohne daß dem Antragsteller gegen diesen Beschluß Rechtsmittel zustehen (§ 406 a Abs. 1 StPO).

Das Adhäsionsverfahren ermöglicht eine prozeßökonomische Erledigung des gesamten Rechtsstreitkomplexes besonders bei gewerbsmäßigem Wucher, bei dem der Rückerstattungsanspruch jedes einzelnen Schuldners sonst in einem gesonderten Prozeß mit wesentlich höheren Kosten geltend gemacht werden müßte. Da das Strafgericht entweder dem Antrag stattgibt oder von einer Entscheidung absieht (§ 405 S. 1 StPO) kann ein rechtskräftiges Urteil nur zugunsten des Antragstellers ergehen. Eine Ermächtigung der Verbraucherorganisationen zur Durchführung des Adhäsionsprozesses stellt daher für die betroffenen Verbraucher kein Risiko dar. Schließlich wird die Aussicht, das nichtige Entgelt zurückzuerhalten, ohne einen eigenen Prozeß führen zu müssen, die Bereitschaft zur Anzeige von Wucherfällen verstärken und damit eine verbesserte strafrechtliche Bekämpfung ermöglichen.

3. Maßnahmen zur straf- und verwaltungsrechtlichen Bekämpfung

Die Effizienz der strafrechtlichen Wucherbekämpfung hängt in erster Linie davon ab, ob den Ermittlungsbehörden in ausreichendem Maße genügend geschultes Personal zur Verfügung steht. Der erforderliche Abschreckungseffekt des strafrechtlichen Wucherverbots kann nur dann erreicht werden, wenn die Staatsanwaltschaft nicht nur die ihr angezeigten Einzelfälle bearbeitet, sondern bei einer Ermittlung wegen gewerbsmäßigen Wuchers von sich aus alle anderen Vertragsabschlüsse im Betrieb des Beschuldigten überprüft. Nur wenn der gesamte Umfang eines wucherischen Gewerbes aufgedeckt wird, sind von den Gerichten Strafen zu erwarten, die Wucher zu einem Risiko machen[1].

Neben zusätzlichen personellen und sachlichen Mitteln scheint besonders eine verschärfte Kontrolle der Einstellungspraxis erforderlich zu sein. Gegenwärtig führt nur etwa jedes siebente Ermittlungsverfahren wegen Wuchers auch zur Anklage[2]. Ein Rechtsmittel gegen die ungerechtfertigte Einstellung des Verfahrens steht nach § 172 Abs. 1

Kern-Roxin § 65 (S. 323 ff.) m. w. N.; zur Reform des Adhäsionsverfahrens vgl. Scholz, JZ 1972, 725 ff. m. w. N.

[1] Ebenso Tröndle, Protokolle VII, 2566.
[2] Siehe oben, I 3, Text zu Fn. 34, 35.

IV. Reformvorschläge zur Durchsetzung des Wucherverbots

StPO nur dem Ausgebeuteten selbst zu, der bei seiner Unerfahrenheit im Umgang mit Behörden und Gerichten davon kaum Gebrauch machen dürfte. Im Interesse einer wirksamen Kontrolle der Strafverfolgungsbehörden sollten die Verbraucherzentralen, die in vielen Fällen die Anzeige erstatten werden, neben dem Verletzten selbständig berechtigt sein, ein Klageerzwingungsverfahren nach § 172 StPO einzuleiten.

Schlußwort

Die vorliegende Untersuchung hat deutlich gemacht, daß das geltende Wucherverbot nicht ausreicht, um den Verbraucher wirksam vor Wucher zu schützen. Das Wucherverbot ist geradezu ein Lehrbeispiel dafür, daß es mit der bloßen Schaffung von Rechtsregeln zum Schutz des Verbrauchers nicht getan ist, sondern daß stärker als bisher über die Effektivität solcher Regeln nachgedacht werden muß. Unter diesem Gesichtspunkt sind Reformen sowohl bezüglich des materiellen Rechts als auch zur verbesserten Durchsetzung der Verbotsnormen geboten. Freilich wird der Schutz des Verbrauchers vor Wucher wohl erst dann den ihm gebührenden Stellenwert erhalten, wenn sich allgemein ein verstärktes Bewußtsein dafür entwickelt, daß „der Wucher, (besonders) wenn es um existenzbedrohenden Wucher geht, eine der übelsten strafbaren Handlungen ist"[1].

---

[1] Tröndle, Protokolle VII, 2565.

Anhang:

Die Wuchergesetze des In- und Auslandes

(Auf eine Wiedergabe von rein strafrechtlichen ausländischen Wuchergesetzen wurde verzichtet. Eine umfassende Sammlung der ausländischen Wucherstrafvorschriften hat Kohlmann, Gutachten, Anl. C, in Tagungsberichte der Sachverständigenkommission zur Bekämpfung der Wirtschaftskriminalität, Band VI, Anl. 5, zusammengestellt.)

1. Bundesrepublik Deutschland

(Zusammenstellung der strafrechtlichen Reformentwürfe von 1909 bis 1962 bei Kohlmann, a. a. O. Anl. B; Zusammenstellung der Normen zum Preistreibereistrafrecht bei Lessing, Diss. Göttingen [1972])

a) § 138 Abs. 2 BGB (BGBl. 1976 I S. 2034)

Nichtig ist insbesondere ein Rechtsgeschäft, durch das jemand unter Ausbeutung der Zwangslage, der Unerfahrenheit, des Mangels an Urteilsvermögen oder der erheblichen Willensschwäche eines anderen sich oder einem Dritten für eine Leistung Vermögensvorteile versprechen oder gewähren läßt, die in einem auffälligen Mißverhältnis zu der Leistung stehen.

b) § 302 a StGB (BGBl. 1976 I S. 2034)

(1) Wer die Zwangslage, die Unerfahrenheit, den Mangel an Urteilsvermögen oder die erhebliche Willensschwäche eines anderen dadurch ausbeutet, daß er sich oder einem Dritten

1. für die Vermietung von Räumen zum Wohnen oder damit verbundene Nebenleistungen,
2. für die Gewährung eines Krediets,
3. für eine sonstige Leistung oder
4. für die Vermittlung einer der vorbezeichneten Leistungen

Vermögensvorteile versprechen oder gewähren läßt, die in einem auffälligen Mißverhältnis zu der Leistung oder deren Vermittlung stehen, wird mit Freiheitsstrafe bis zu drei Jahren oder mit Geldstrafe bestraft. Wirken mehrere Personen als Leistende, Vermittler oder in anderer Weise mit und ergibt sich dadurch ein auffälliges Mißverhältnis zwischen sämtlichen Vermögensvorteilen und sämtlichen Gegenleistungen, so gilt Satz 1 für jeden, der die Zwangslage oder sonstige Schwäche des anderen für sich oder einen Dritten zur Erzielung eines übermäßigen Vermögensvorteils ausnutzt.

(2) In besonders schweren Fällen ist die Strafe Freiheitsstrafe von sechs Monaten bis zu zehn Jahren. Ein besonders schwerer Fall liegt in der Regel vor, wenn der Täter

1. durch die Tat den anderen in wirtschaftliche Not bringt,
2. die Tat gewerbsmäßig begeht,
3. sich durch Wechsel wucherische Vermögensvorteile versprechen läßt.

c) Wirtschaftsstrafgesetz i. d. F. vom 3. 6. 1975 (BGBl. I S. 1313)

§ 4 (Preisüberhöhung in einem Beruf oder Gewerbe)

(1) Ordnungswidrig handelt, wer vorsätzlich oder leichtfertig in befugter oder unbefugter Betätigung in einem Beruf oder Gewerbe für Gegenstände oder Leistungen des lebenswichtigen Bedarfs Entgelte fordert, verspricht, vereinbart, annimmt oder gewährt, die infolge einer Beschränkung des Wettbewerbs oder infolge der Ausnutzung einer wirtschaftlichen Machtstellung oder einer Mangellage unangemessen hoch sind.

(2) Die Ordnungswidrigkeit kann mit einer Geldbuße bis zu fünfzigtausend Deutsche Mark geahndet werden.

§ 5 (Mietpreisüberhöhung)

(1) Ordnungswidrig handelt, wer vorsätzlich oder leichtfertig für die Vermietung von Räumen zum Wohnen oder damit verbundene Nebenleistungen unangemessen hohe Entgelte fordert, sich versprechen läßt oder annimmt. Unangemessen hoch sind Entgelte, die infolge der Ausnutzung eines geringen Angebots an vergleichbaren Räumen die üblichen Entgelte, die in der Gemeinde oder in vergleichbaren Gemeinden für die Vermietung von Räumen vergleichbarer Art, Größe, Ausstattung, Beschaffenheit und Lage oder damit verbundene Nebenleistungen gezahlt werden, nicht unerheblich übersteigen.

(2) Die Ordnungswidrigkeit kann mit einer Geldbuße bis zu fünfzigtausend Deutsche Mark geahndet werden.

§ 6 (Preisüberhöhung bei der Wohnungsvermittlung)

(1) Ordnungswidrig handelt, wer vorsätzlich oder leichtfertig für das Vermitteln einer Vermietung von Räumen zum Wohnen oder damit verbundene Nebenleistungen unangemssen hohe Entgelte fordert, sich versprechen läßt oder annimmt. Unangemessen hoch sind Entgelte, die infolge der Ausnutzung eines geringen Angebots an vergleichbaren Räumen die ortsüblichen Entgelte nicht unwesentlich übersteigen.

(2) Die Ordnungswidrigkeit kann mit einer Geldbuße bis zu fünfzigtausend Deutsche Mark geahndet werden.

2. Österreich

a) § 879 Allgemeines BGB

(2) Insbesondere sind folgende Verträge nichtig:

1.—3.
4. wenn jemand den Leichtsinn, die Zwangslage, Verstandesschwäche, Unerfahrenheit oder Gemütsaufregung eines anderen dadurch ausbeutet, daß er sich oder einem Dritten für eine Leistung eine Gegenleistung versprechen oder gewähren läßt, deren Vermögenswert zu dem Werte der Leistung in einem auffallendem Mißverhältnisse steht.

b) Wuchergesetz 1949 (BGBl. Nr. 271, ASlg. Nr. 3) i. d. F. BGBl. Nr. 160/1952 und 422/1974

§ 1 (Nichtigkeit eines wucherischen Vertrages)

Ein Vertrag ist nichtig, wenn jemand den Leichtsinn, die Zwangslage, Verstandesschwäche, Unerfahrenheit oder Gemütsaufregung eines anderen dadurch ausbeutet, daß er sich oder einem Dritten für eine Leistung eine Gegenleistung versprechen oder gewähren läßt, deren Vermögenswert zu dem Werte seiner Leistung in auffallendem Mißverhältnis steht.

§§ 2—6 (aufgehoben)

§ 7 (Rechtsfolgen der Nichtigkeit eines wucherischen Vertrages)

Ist ein Vertrag nach den vorstehenden Bestimmungen nichtig, so hat jeder der beiden Teile alles zurückzustellen, was er aus dem nichtigen Geschäfte zu seinem Vorteil erhalten hat. Insbesondere sind Geldzahlungen mit den gesetzlichen Zinsen vom Empfangstage zurückzuerstatten, die übergebenen Sachen zurückzustellen oder deren Wert zur Zeit des Empfanges zu ersetzen, die auf die Sache gemachten notwendigen und nützlichen Verwendungen zu ersetzen und für die Benützung und die Entwertung der Sache in der Zwischenzeit eine angemessene Vergütung zu leisten. Ergibt sich aus der Berechnung der beiderseitigen Ansprüche ein Mehranspruch für einen der Vertragsteile, so haftet hierfür die für den vertragsmäßigen Anspruch erworbene Sicherheit.

§ 8 (Verfahrensbestimmung)

(1) Das Strafgericht hat auf Begehren des Verletzten ein Geschäft, wegen dessen eine Verurteilung wegen Wuchers erfolgt, als nichtig zu erklären und, wenn die Ergebnisse des Strafverfahrens ausreichen, über die weiteren Rechtsfolgen der Nichtigkeit zu erkennen.

(2) Reichen die Ergebnisse des Strafverfahrens zum Erkenntnis über die Rechtsfolgen der Nichtigkeit des Geschäfts nicht aus, so erfolgt unter Aufrechterhaltung der erworbenen Sicherstellung die Verweisung auf den Zivilrechtsweg, der in diesem Falle sowohl dem Privatbeteiligten als auch dem Angeklagten offen steht.

§ 9 (weitere Verfahrensbestimmung)

§ 10 (überholte Übergangsbestimmung)

§ 11 (Beginn der Wirksamkeit des Gesetzes)

c) Verordnung der Bundesregierung vom 17. 3. 1933, BGBl. Nr. 66, gegen die Ausbeutung Kreditsuchender i. d. F. der BG. BGBl. Nr. 445/1936 und Nr. 50/1948

Für Kredite gegen Sicherstellung auf Liegenschaften, auf fortlaufende Bezüge oder auf Ansprüche aus Lebensversicherungsverträgen gelten die folgenden Sonderbestimmungen:

§ 1

(1) a) Wer vorsätzlich für eine Leistung, die der Befriedigung eines Geldbedürfnisses eines anderen dienen soll, insbesondere für die Gewährung oder

Vermittlung eines Darlehens, für die Stundung einer Geldforderung oder die Vermittlung einer solchen Stundung unter was immer für einem Titel eine übermäßige Gegenleistung fordert oder sich oder einem Dritten gewähren oder versprechen läßt, b) wer vorsätzlich auf Grund einer Leistung der in der lit. a bezeichneten Art einen Anspruch auf eine übermäßige Gegenleistung geltend macht, c) wer vorsätzlich einen anderen veranlaßt, zur Sicherstellung eines Kredites, der der Befriedigung eines Geldbedürfnisses dienen soll, einen Lebensversicherungsvertrag unter Bedingungen abzuschließen, die sich als eine zur Sicherstellung des Kredites nicht notwendige und im Verhältnis zum Kreditnehmer übermäßige Belastung darstellen, wird, unbeschadet der allfälligen strafgerichtlichen Verfolgung, von der politischen Bezirksbehörde, im Amtsgebiet einer Bundespolizeibehörde von dieser Behörde, mit Arrest bis zu 6 Monaten oder mit Geldstrafe bis zu 4000 S bestraft; diese Strafen können auch nebeneinander verhängt werden. Ist die Tat im Betriebe eines Gewerbes begangen worden, so kann im Straferkenntnis auf den Verlust der Gewerbeberechtigung erkannt werden.

(2) ...

(3) ...

§ 2

Als übermäßig ist eine Gegenleistung oder Belastung anzusehen, wenn sie die bei solchen Geschäften im redlichen Verkehr üblichen, vom Kreditnehmer zu leistenden Aufwendungen (Zinsen, Spesen und andere Nebenleistungen aller Art) — an sich oder weil sie im voraus vom Kapital abgezogen wird — in einem durch die Umstände des einzelnen Falles nicht gerechtfertigten Maß beträchtlich übersteigt, bei Vermittlung von einem Darlehen insbesondere, wenn die für die Vermittlung von einem oder von beiden Teilen an alle an dem Geschäft beteiligten Vermittler zu leistenden Aufwendungen insgesamt 2 vom Hundert des Darlehensbetrages übersteigen.

§ 3

Der Kreditwerber kann das für die Vermittlung eines Darlehens Geleistete mit Ausnahme der notwendigen, mit seinem Einverständnis bestrittenen Barauslagen binnen einem Jahr zurückfordern, wenn die Kreditgewährung aus einem nicht auf Seite des Kreditwerber liegenden Grund unterblieben ist.

§ 4

(1) Gegenleistungen der in § 1 lit. a bezeichneten Art können insoweit zurückgefordert werden, als sie im Verhältnis zur Leistung des Kreditgebers oder des Vermittlers übermäßig sind (§ 2). Der Rückforderungsanspruch verjährt in einem Jahr seit der letzten Zahlung.

(2) Ist ein Rechtsstreit über einen Rückforderungsanspruch gegen den Kreditgeber anhängig und der Anspruch ausreichend bescheinigt oder ist ein Rückforderungsanspruch gegen den Kreditgeber mit Erfolg geltend gemacht worden, so kann der Kreditgeber seine Forderung durch Kündigung nicht früher fällig machen, als zwei Jahre vom Tage der gerichtlichen Geltendmachung des Rückforderungsanspruches an gerechnet, es sei denn, daß der Schuldner mit mehr als einer der vertragsmäßig wiederkehrenden Leistungen im Rückstand bleibt.

(3) ...

§ 5
Abreden, wodurch die Geltendmachung eines Rückforderungsanspruches nach § 3 oder § 4 verhindert oder erschwert werden soll, sind nichtig.

§ 6 (überholte Übergangsbestimmung)

3. Schweiz

a) Art. 21 Obligationenrecht

(1) Wird ein offenbares Mißverhältnis zwischen der Leistung und der Gegenleistung durch einen Vertrag begründet, dessen Abschluß von dem einen Teil durch Ausbeutung der Notlage, der Unerfahrenheit oder des Leichtsinns des anderen herbeigeführt worden ist, so kann der Verletzte innerhalb Jahresfrist erklären daß er den Vertrag nicht halte, und das schon Geleistete zurückverlangen.

(2) Die Jahresfrist beginnt mit dem Abschluß des Vertrages.

b) Interkantonales Konkordat über Maßnahmen zur Bekämpfung von Mißbräuchen im Zinswesen vom 8. 10. 1957, SR 221.121.1
(Amtliche Übersetzung des französischen Originaltextes)

Art. 1
Wer auf dem Gebiet der Konkordatskantone in irgendeiner Form Gelddarlehen oder Kredite gewährt, darf als Gesamtentschädigung auf keinen Fall mehr als 1,5 Prozent der zu Beginn jeden Monats nach Anrechnung allfälliger Rückzahlungen tatsächlich geschuldeten Summe fordern, d. h. monatlich höchstens 1 Prozent für Zinsen, Provisionen, Kommissionen und Gebühren, und höchstens 0,5 Prozent für die ausgewiesenen Auslagen und Kosten.

Art. 2
Wer Darlehen oder Kredite vermittelt, darf weder vom Kreditnehmer noch vom Borger eine Entschädigung oder eine Kostenrückerstattung fordern.

Art. 3
Niemand darf im Gebiete der Konkordatskantone einen anderen dazu veranlassen, sich von außerhalb dieses Gebiets niedergelassenen Firmen oder Privaten ein Darlehen oder einen Kredit zu schwereren als zu den durch dieses Konkordat gestatteten Bedingungen gewähren zu lassen.

Art. 4
(1) Darleiher oder Kreditgeber dürfen weder eine Schuldanerkennung abfassen noch sich ausstellen lassen, die auf einen höheren Betrag als die wirklich gewährte Darlehens- oder Kreditsumme lautet.

(2) Immerhin dürfen bereits getätigte Auslagen und nachgewiesene Kosten sowie Zinsen und Skonti für höchstens drei Monate zum voraus bezogen werden.

Art. 5 (aufgehoben)

Art. 6 (Verbot des „Schneeballen"-Systems)

Art. 7
Es ist untersagt, für ein nicht zustandegekommenes Darlehens- oder Kreditgeschäft irgendeine Entschädigung zu fordern.

Art. 8

(1) Die Gewährung eines Darlehens oder die Eröffnung eines Kredits darf nicht von persönlichen finanziellen Verpflichtungen des Borgers oder Kreditnehmers abhängig gemacht werden, die dem Darleiher oder dem Kreditgeber mittelbar oder unmittelbar weitere Vorteile bringen, als ihm in Art. 1 zugestanden werden (beispielsweise Bedingungen zur Zeichnung von Aktien, Obligationen oder Genossenschaftsanteilen oder Abschluß eines Versicherungsvertrages).

(2) Bei Darlehen oder Krediten von mehr als 2000 Franken, die für mindestens ein Jahr gewährt werden, ist dem Darleiher oder Kreditgeber erlaubt, vom Schuldner den Abschluß einer Versicherung auf das Ableben zu verlangen. Verboten bleibt aber eine Spar- oder gemischte Versicherung. Die Höhe der Versicherungssumme und die Dauer des Vertrages müssen aber mit dem Darlehens- oder Kreditvertrag übereinstimmen. Eine allfällige Verlängerung beider Verträge bleibt vorbehalten. Der Darleiher oder Kreditgeber darf dem Schuldner unter keinen Umständen mehr als die Nettoprämie belasten.

Art. 9 (Verpflichtung zur Angabe von Namen und Vornamen oder Bezeichnung der Firma, Beruf und Geschäftssitz des Kredit/Darlehensgebers oder -vermittlers in der Werbung)

Art. 10

Es ist verboten, Kunden in Gastwirtschaftsbetrieben oder an Arbeitsstätten oder in dazugehörenden Räumen und Höfen anzuwerben.

Art. 11 (Verpflichtung zur schriftlichen Bekanntgabe der Darlehens- oder Kreditbedingungen vor jedem Vertragsschluß)

Art. 12 (Vorschriften zum Inhalt der schriftlichen Vertragsurkunde)

Art. 13 — Art. 16 (Strafvorschriften)

Art. 17

(1) Für die nachfolgend genannten Unternehmen sind die Vorschriften dieses Konkordates nur anwendbar, soweit es sich um die Gewährung von Kleinkrediten handelt:

a. — f. ...

(2) ...

Art. 18 (Subsidiarität zu den Vorschriften zum Faustpfand)

Art. 19 (Inkrafttreten des Konkordates)

4. Frankreich

Loi n. 66—1010 relative à l'usure, aux prêts d'argent et à certaines opérations de démarchage et de publicité (J. O. 29 dec. 1966)

Art. 1

(1) Constitue un prêt usuraire tout prêt conventionnel consenti à un taux effectif global qui excède, au moment où il est consenti, de plus d'un quart, le taux effectif moyen pratiqué au cours du trimestre précédent par les banques et les établissements financiers enregistrés par le conseil national du crédit pour des opérations de même nature comportant des risques analogues,

s'il n'existe pas de décision du conseil national du crédit ayant pour effet d'apporter une limitation à la rémunération exigée des emprunteurs pour les opérations de l'espèce ou qui excède, s'il en existe une, le taux affectif admis par cet organisme.

(2) Les crédits accordés à l'occasion de ventes à tempérament sont, pour l'application du présent texte assimilés à des prêts conventionnels et considérés comme usuraires dans les mêmes conditions que les prêts d'argent ayant le même objet.

(3) En tout état de cause, est usuraire tout prêt dont le taux effectif global excède, au moment où il est consenti, le double du taux moyen de rendement effectif des obligations émises au cours du semestre précédent. Ce taux plafond peut être majoré, pour certaines catégories d'opérations qui, en raison de leur nature, comportent des frais fixes élevés, de perceptions forfaitaires fixées par le ministre de l'Economie et des Finances après avis du conseil national du crédit.

(4) Un décret fixera les conditions dans lesquelles sera assurée la publicité des taux effectifs moyens visés à l'alinéa 1er et des taux maxima admis par le conseil national du crédit pour les opérations réglementées par cet organisme. Il précisera l'indice auquel il conviendra de se référer pour l'application du troisième alinéa ci-dessus et les conditions dans lesquelles il sera tenu compte des variations de cet indice.

Art. 2

En cas d'indexation totale ou partielle du prêt dans les conditions prévues par les textes en vigueur, le taux effectif global est apprécié sans tenir compte des majorations des prestations dues par l'emprunteur, résultant de varitations de l'indice postérieures à la date de la remise des fonds prêtés. Dans ce cas, le taux effectif moyen pris comme référence est celui qui est demandé pour des opérations de même nature comportant des risques analogues mais non indexées. Ce prêt est usuraire si son taux effectif global est supérieur, soit au taux effectif moyen ainsi défini, soit au taux moyen de rendement, visé au troisième alinéa de l'article 1er, majoré des deux tiers.

Art. 3

Dans tout les cas, pur la détermination du taux effectif global du prêt, comme pour celle du taux effectif pris comme référence, sont ajoutés aux intérêts les frais, commissions ou rémunérations de toute nature, directs ou indirects, y compris ceux qui sont payés ou dus à des intermédiaires intervenus de quelque manière que ce soit dans l'octroi du prêt, même si ces frais, commissions ou rémunérations correspondent à des débours réels.

En outre, pour les prêts qui font l'objet d'un amortissement échelonné, le taux effectif global doit être calculé en tenant compte des modalités de l'amortissement de la créance.

Art. 4 (Verpflichtung zur Angabe des Pauschalzinses in der Vertragsurkunde)

Art. 5

(1) Lorsqu'un prêt conventionnel est usuraire, les perceptions excessives au regard des articles précédents sont imputées de plein droit sur les intérêts normaux alors échus et subsidiairement sur le capital de la créance.

(2) Si la créance est éteinte en capital et intérêts, les sommes indúment percues doivent être restituées avec intérêts légaux du jour où elles auront été payées.

Art. 6 (Strafvorschrift)

Art. 8

(1) Il est interdit à toute personne physique ou morale qui apporte son concours, à quelque titre et de quelque manière que ce soit, directement ou indirectement, à l'obtention ou à l'octroi d'un prêt d'argent, de percevoir une somme représentative de provision, de commission, de frais de recherche, de démarchage, de constitution de dossier ou d'entremise quelconque, avant le versement effectif des fonds prêtés et avant la constatation de la réalisation de l'opération par un acte écrit dont une copie est remise à l'emprunteur.

(2) Il lui est également interdit, avant la remise des fonds et de la copie de l'acte, de présenter à l'acceptation de l'emprunteur des lettres de change, ou de lui faire souscrire des billets à ordre, en recouvrement des frais d'entremise ou des commission visés à l'alinéa précédent.

Art. 9

(1) Il est interdit à toute personne de se livrer au démarchage:

1. En vue de conseiller ou d'offrir des prêts d'argent;

2. En vue de recueillir sous forme de dépôts ou autrement des fonds du public;

3. En vue de conseiller la souscription de plans d'épargne prévoyant, même pour partie, l'acquisition de parts de sociétés civiles immobilières;

4. En vue de proposer tous autres placements de fonds.

(2) (Ausnahmeregelung für den Kauf von Wertpapieren, den Abschluß von Versicherungsverträgen, den Erwerb von Wirtschafts- oder Grundstücksgeschäften u. ä.)

(3) Se livre au démarchage au sens du présent article celui qui, à l'une des fins visées à l'alinéa 1er, se rend habituellement soit au domicile ou à la résidence des personnes, soit sur leurs lieux de travail, soit dans les lieux ouverts au public et non réservés à de telles fins.

(4) Sont également considérés comme actes de démarchages les offres de services faites ou les conseils donnés de facon habituelle en vue des mêmes opérations au domicile ou à la résidence des personnes, ou sur les lieux de travail, par l'envoi de lettres ou circulaires ou par communications téléphoniques.

Art. 10

Toute propadanda ou publicité faite sous quelque forme et par quelque moyen que ce soit à l'une des fins mentionnées à la première phrase de l'alinéa 1er de l'article 9 sera réglementée dans les conditions fixées par décret, et devra notamment faire apparaitre clairement le taux effectif global des prêts ou des emprunts, ainsi que les charges qui s'y trouvent comprises.

Art. 11—14 (Ausnahmen und Sondervorschriften zum Werbeverbot für Banken, Kreditinstitute, Sparkassen etc.)

Art. 15—16 Strafvorschriften zu den Art. 8 und 9)

Art. 17—19 (Schlußbestimmungen)

5. Italien

Codice Civile 1942 (Übersetzung: Luther-Becher, Italienisches Gesetzbuch [1965])

Art. 1448 (Allgemeine Klage auf Rückgängigmachung wegen Schädigung)

(1) Stehen die beiderseitigen Leistungen zueinander im Mißverhältnis und beruht dieses auf der Notlage des einen Teils, die der andere ausgenutzt hat, um daraus Vorteile zu ziehen, so kann der geschädigte Teil die Rückgängigmachung des Vertrages beantragen.

(2) Die Klage ist unzulässig, wenn die Schädigung nicht die Hälfte des Wertes, den die vom geschädigten Teil bewirkte oder versprochene Leistung zur Zeit des Vertragsschlusses hatte, übersteigt.

(3) Die Schädigung muß bis zu dem Zeitpunkt der Klageerhebung andauern.

(4) Verträge mit Glücksspielnatur unterliegen nicht der Rückgängigmachung wegen Schädigung.

(5) Die Vorschriften über die Rückgängigmachung einer Teilung bleiben unberührt.

Art. 1449 (Verjährung)

Art. 1450 (Angebot der Abänderung des Vertrages)

Der Vertragsteil, gegen den die Rückgängigmachung beantragt ist, kann sie abwenden, indem er eine solche Abänderung des Vertrages anbietet, die ausreicht, um derselben auf billige Bedingungen zu bringen.

Art. 1451 (Unzulässigkeit der Bestätigung)

Art. 1452 (Keine Wirkung der Rückgängigmachung gegenüber Dritten)

Art. 1815 (Zinsen eines Darlehens)

(1) ...

(2) Sind Wucherzinsen vereinbart, so ist die Abrede nichtig und besteht die Zinschuld nur in der gesetzlichen Höhe.

Art. 1284 (Gesetzliche Zinsen: 5 %)

6. Niederlande

Wet op het consumptier geldkrediet vom 5. 7. 1972, StBl. Nr. 399 (noch nicht in Kraft)

Art. 31

(1) Van rechtswege nietig zijn:

...

b. bedingen omtrent kosten, vergoedingen of beloningen voor zover zij in strijd zijn met het bepaalde in artikel 40;

...

Art. 40

Ter zake van een overeenkomst van kredietverlening mogen geen andere of hogere kosten dan die welke op grond van de bepalingen van deze afdeling zijn toegestaan, noch enige andere vergoeding of beloning worden ontvangen, in rekening gebracht of gevraagd onder welke naam of in welke vorm ook.

Art. 41

Door de kredietgever mogen alleen worden ontvangen in rekening gebracht of gevraagd de volgende kredietkosten:

a. een bijdrage als bedoeld in artikel 44 (aanvangsbijdrage);
b. een vergoeding voor het verleende krediet als bedoeld in paragraaf 3 van deze afdeling (kredietvergoeding);
c. een bijkomende vergoeding ingeval de kredietnemer achterstallig is in zijn verplichting tot betaling (vertragingsvergoeding).

Art. 42

(1) Het is verboden bij het verlenen van bemiddeling tot het afsluiten van een overeenkomst van kredietverlening een beloning of vergoeding in welke vorm ook te bedingen of aan te nemen van, dan wel in rekening te brengen aan een ander dan de kredietgever.

(2) Onder het verlenen van bemiddeling tot het afsluiten van een overeenkomst van kredietverlening wordt verstaan alle verrichtingen en bemoeiingen van een derde (kredietbemiddelaar), gericht op, of bevorderlijk voor het tot stand komen van een dergelijke overeenkomst.

(3) Indien een kredietgever gebruik maakt van de diensten van een kredietbemiddelaar bedoeld in het tweede lid, mag geen aanvangsbijdrage bedoeld in artikel 44 gevraagd en ontvangen worden.

Art. 44

De kredietgever mag van de aanvrager van een krediet, tienduizend gulden of minder bedragende, een aanvangsbijdrage vragen en ontvangen welke ten hoogste één percent van het gevraagde krediet beloopt en een door Onze Minister vast te stellen bedrag niet te boven gaat.

Art. 45

Geen hogere kredietvergoedingen mogen worden bedongen dan die, opgenomen in door Onze Minister vast te stellen tabellen.

Art. 46

(1) De in het vorige artikel bedoelde tabellen vermelden de ten hoogste toegelaten kredietvergoeding, uitgedrukt in een geldsom, in een percentage of in enige andere vorm. Deze kredietvergoeding kan verschillend worden gesteld onder andere naar gelang van het bedrag van de uitgeleende geldsom, de duur van de lening mede in verband met de termijnen van aflossing en naar gelang de kredietvergoeding bij vooruitbetaling of op andere wijze wordt voldaan.

(2) De ten hoogste toegelaten kredietvergoedingen worden zodanig bepaald, dat zij naar het oordeel van Onze Minister het behalen van een redelijke winst bij degelijk beheer mogelijk maken.

Art. 47

De kretietnemer is tot vervroedge betaling steeds bevoegd.

Art. 48

In de door Onze Minister ter uitvoering van artikel 45 te nemen beschikking kunnen mede regelen worden gesteld betreffende:

a. de ten hoogste toegelaten kredietvergoeding ingeval een overeenkomst van kredietverlening is gesloten op een tijdstip, dat de kredietnemer jegens de kredietgever nog betalingsverplichtingen heeft ter zake van een vorige overeenkomst van kredietverlening;
b. het verminderen van kredietvergoeding in geval van vervroedge betaling door de kredietnemer;
c. de ten hoogste in rekening te brengen vertragingsvergoeding.

7. Großbritannien

Consumer Credit Act 1974 (aus: Goode, Introduction to the Consumer Credit Act 1974 [1974], S. 370 ff.)

sec. 137 (Extortinate credit bargains)

(1) If the court finds a credit bargain extortionate it may reopen the credit agreement so as to do justice between the parties.

(2) In this section and sections 138 to 140,

(a) „credit agreement" means any agreement between an individual (the „debtor") and any other person (the „creditor") by which the creditor provides the debtor with credit of any amount, and

(b) „credit bargain"

  (i) where no transaction other than the credit agreement is to be taken into account in computing the total charge for credit, means the credit agreement, or

  (ii) where one or more other transactions are to be so taken into account, means the credit agreement and those other transactions, taken together.

sec. 138 (When bargains are extortionate)

(1) A credit bargain is extortionate if it

(a) requires the debtor or a relative of his to make payments (wether unconditionally, or on certain contingencies) which are grossly exorbitant, or

(b) otherwise grossly contravenes ordinary principles of fair dealing.

(2) In determining whether a credit bargain is extortionate, regard shall be had to such evidence as is adduced concerning

(a) interest rates prevailing at the time it was made,

(b) the factors mentioned in subsections (3) to (5), and

(c) any other relevant considerations.

(3) Factors applicable under subsection (2) in relation to the debtor include

(a) his age, experience, business capacity and state of health; and

(b) the degree to which, at the time of making the credit bargain, he was under financial pressure, and the nature of that pressure.

(4) Factors applicable under subsection (2) in relation to the creditor include

(a) the degree of risk accepted by him, having regard to the value of any security provided;

(b) his relationship to the debtor; and

(c) whether or not a colourable cash price was quoted for any goods or services included in the credit bargain.

(5) Factors applicable under subsection (2) in relation to a linked transaction include the question how far the transaction was reasonably required for the protection of the debtor or creditor, or was in the interest of the debtor.

sec. 139 (Reopening of extortionate agreements)

(1) A credit agreement may, if the court thinks just, be reopened on the ground that the credit bargain is extortionate

(a) on an application for the purpose made by the debtor or any surety to the High Court, country court or sheriff court; or

(b) at the instance of the debtor or a surety in any proceedings to which the debtor and creditor are parties, being proceedings to enforce the credit agreement, any security relating to it, or any linked transaction; or

(c) at the instance of the debtor or a surety in other proceedings in any court where the amount paid or payable under the credit agreement is relevant.

(2) In reopening the agreement, the court may, for the purpose of relieving the debtor or a surety from payment of any sum in excess of that fairly due and reasonable, by order

(a) direct accounts to be taken, or (in Scotland) an accounting to be made between any persons,

(b) set aside the whole or part of any obligation imposed on the debtor or a surety by the credit bargain or any related agreement,

(c) require the creditor to repay the whole or part of any sum paid under the credit bargain or any related agreement by the debtor or a surety, whether paid to the creditor or any other person,

(d) direct the return to the surety of any property provided for the purpose of the security, or

(e) alter the terms of the credit agreement or any security instrument.

(3) An order may be made under subsection (2) notwithstanding that its effect is to place a burden on the creditor in respect of an advantage unfairly enjoyed by another person who is a party to a linked transaction.

(4) An order under subsection (2) shall not alter the effect of any jugdment.

(5) — (7) (Verfahrensvorschriften für England, Wales, Scotland und North Ireland)

sec. 140 (Interpretation of sections 137 to 139)

Where the credit agreement is not a regulated agreement, expressions used in sections 137 to 139 which, apart from this section, apply only to regulated agreements, shall be construed as nearly as may be as if the credit agreement were a regulated agreement.

8. Vereinigte Staaten von Amerika

Uniform Consumer Credit Code (aus: Uniform Consumer Credit Code [Official Text with comments], St. Paul, Minn. [1969],
sec. 2.109 (Definition: „Credit Service Charge")

„Credit service charge" means the sum of (1) all charges payable directly or indirectly by the buyer and imposed directly or indirectly by the seller as an incident to the extension of credit, including any of the following types of charges which are applicable: time price differential, service, carrying or other charge, however denominated, premium or other charge for any guarantee or insurance protecting the seller against the buyer's default or other credit loss; and (2) charges incurred for investigating the collateral or credit- worthiness of the buyer or for commissions or brokerage for obtaining the credit, irrespective of the person to whom the charges are paid or payable, unless the seller had no notice of the charges when the credit was granted. The term does not include charges as a result of default, additional charges (Section 2.202), delinquency charges (Section 2.203), or deferral charges (Section 2.204).

sec. 2.201 (Credit Service Charges for Consumer Credit Sales other than Revolving Charge Accounts)

(1) With respect to a consumer credit sale, other than a sale pursuant to a revolving charge account, a seller may contract for and receive a credit service charge not exceeding that permitted by this section.

(2) The credit service charge, calculated according to the actuarial method, may not exceed the equivalent of the greater of either of the following:

(a) the total of
  (i) 36 per cent per year on that part of the unpaid balances of the amount financed which is $ 300 or less;
  (ii) 21 per cent per year on that part of the unpaid balances of the amount financed which is more than $ 300 but not exceed $ 1000; and
  (iii) 15 per cent per year on that part of the unpaid balances of the amount financed which is more than $ 1000; or
(b) 18 per cent per year on the unpaid balances of the amount financed.

(3) This section does not limit or restrict the manner of contracting for the credit service charge, whether by way of add- on, discount, or otherwise, so long as the rate of the credit service charge does not exceed that permitted by this section. If sale is precomputed,
(a) the credit service charge may be calculated on the assumption that all scheduled payments will be made when due, and
(b) the effect of prepayment is governed by the provisions on rebate upon prepayment (Section 2.210).

(4) For the purpose of this section, the term of a sale agreement commences with the date credit is granted for, if goods are delivered or services performed 10 days or more after that date, with the date of commencement of delivery or performance. Differences in the lengths of months are disregarded and a day may be counted as 1/30th of a month. Subject to classifications and differentiations the seller may reasonably establish, a part of a month in excess of 15 days may be treated as a full month if periods of 15 days or less

are disregarded and that procedure is not consistently used to obtain a greater yield than would otherwise be permitted.

(5) Subject to classifications and differentiations the seller may reasonably establish, he may make the same credit service charge on all amounts financed within a specified range. A credit service charge so made does not violate subsection (2) if

(a) when applied to the median amount within each range, it does not exceed the maximum permitted by subsection (2), and

(b) when applied to the lowest amount within each range, it does not produce a rate of credit service charge exceeding the rate calculated according to paragraph (a) by more than 8 per cent of the rate calculated according to paragraph (a).

(6) Notwithstanding subsection (2), the seller may contract for and receive a minimum credit service charge of not more than $ 5 when the amount financed does not exceed $ 75, or $ 7,50 when the amount financed exceeds $ 75.

(7) The amounts of $ 300 and $ 1000 in subsection (2) are subject to change pursuant to the provisions on adjustment of dollar amounts (Section 1.106).

sec. 2.202 (Additional Charges)

(1) In addition to the credit service charge permitted by this Part, a seller may contract for and receive the following additional charges in connection with a consumer credit sale:

(a) official fees and taxes;

(b) charges for insurance as described in subsection (2); and

(c) charges for other benefits, including insurance, conferred on the buyer, if the benefits are value of him and if the charges are reasonable in relation to the benefits, are of type which is not for credit, and are excluded as permissible additional charges from the credit service charge by rule adopted by the Administrator.

(2) An addtional charge may be made for insurance written in connection with the sale, other than insurance protecting the seller against the buyer's default or other credit loss,

(a) with respect to insurance against loss of or damage to property, or against liability, if the seller furnishes a clear and specific statement in writing to the buyer, setting forth the cost of insurance if obtained from or through the seller, and stating that the buyer may choose the person through whom the insurance is to be obtained; and

(b) with respect to consumer credit insurance providing life, accident, or health coverage, if the insurance coverage ist not a factor in the approval by the seller of the extension of credit and this fact is clearly disclosed in writing to the buyer, and if, in order to obtain the insurance in connection with the extension of credit, the buyer gives specific affirmative written indication of his desire to do so after written disclosure to him of the cost thereof.

(3) For the purpose of the Part on Disclosure and Advertising (Part 3, Section 2.301 et seq.), if the credit service charge with respect to a sale of an interest in land does not exceed 10 per cent per year (paragraph (b) of subsection (2) of Section 2.104), reasonable closing costs even though not within

subsection (1) may be treated as additional charges.

sec. 2.203 (Delinquency Charges)

(1) With respect to a precomputed consumer credit sale, refinancing, or consolidation, the parties may contract for a delinquency charge on any instalment not paid in full within 10 days after its scheduled due date in an amount not exceeding the greater of

(a) an amount, not exceeding $ 5, which is 5 per cent of the unpaid amount of the instalment, or
(b) the deferral charge (subsection [1] of Section 2.204) that would be permitted to defer the unpaid amount of the instalment for the period that it is delinquent.

(2) A delinquency charge under paragraph (a) of subsection (1) may be collected only once on an instalment however long it remains in default. No delinquency charge may be collected if the instalment has been deferred and a deferral charge (Section 2.204) has been paid or incurred. A delinquency charge may be collected at the time it accrues or at any time thereafter.

(3) No delinquency charge may be collected on an instalment which is paid in full within 10 days after its scheduled instalment due date even though an earlier maturing instalment or a delinquency charge on an earlier instalment may not have been paid in full. For purpose of this subsection payments are applied first to current instalments and then to delinquent instalments.

(4) The amount of $ 5 in subsection (1) is subject to change pursuant to the provisions on adjustment of dollar amounts (Section 1.106).

sec. 2.204 (Begrenzung der „deferral charges" durch „the rate previously stated to the buyer")

sec. 2.205 (Begrenzung der „credit service charge on refinancing" entsprechend sec. 2.201)

sec. 3.109, 3.201 et seq. (Entsprechende Regelung für „loans")

Literaturverzeichnis

Albrecht: Zusätzliche Straf- und Bußgeldtatbestände im Werberecht, WRP 1974, 653—662.

Alsberg: Preistreibereistrafrecht, 7. Aufl., Leipzig 1922.

Bartl: Verbraucherschutz im Durchbruch, ZRP 1976, 13—18.

— Das neue Fernunterrichtsschutzgesetz, NJW 1976, 1993—1997.

Baumbach / Hefermehl: Wettbewerbs- und Warenzeichenrecht, Bd. 1 Wettbewerbsrecht, 11. Aufl. München 1974.

Baumgärtel: Gleicher Zugang zum Recht für alle, Köln u. a. 1976.

Baur, Fritz: Kostenrecht — Armenrecht, NJW 1976, 1380—1384.

Belke: Die Strafzinsen im Kreditgewerbe — ihre Begrenzung aus dem Zinseszinsverbot und ihr Verhältnis zu den gesetzlichen Verzugsfolgen, BB 1968, 1219—1228.

Bender: Die Verordnung über Preisangaben, WRP 1973, 310 ff.

Bentham: Defense of Usury (1787), in: W. Stark, Jeremy Bentham's economic writings, Bd. 1, London 1952, S. 129 ff.

Berg: Das Erste Gesetz zur Bekämpfung der Wirtschaftskriminalität, BB 1976, 1435 ff.

Billeter: Geschichte des Zinsfußes im griechisch-römischen Altertum bis Justinian, Leipzig 1898.

Bloch: Höchstpreisüberschreitung und Überteuerung im Privatrecht, Diss. Greifswald 1918.

Borck: Verbraucherschutz durch fortschreitende Pönalisierung? WRP 1973, 245—249.

Bücher: Die Diokletianische Taxordnung vom Jahre 301, ZfdgStW 50 (1894), 189 ff., 672 ff.

v. Büren: Schweizerisches Obligationenrecht, Allgemeiner Teil, Zürich 1964.

Bufe: § 817 Satz 2 BGB, AcP 157 (1958/59), 215—258.

Bundeskriminalamt: Polizeiliche Kriminalstatistik der Bundesrepublik Deutschland, Wiesbaden 1971—1975.

Busch: Die zivilrechtliche Wirksamkeit von Verträgen, die unter Überschreitung des Höchstpreises geschlossen sind, DJZ 1916, 127 f.

Buß: Auswirkungen des § 247 BGB auf die Zinsen bei Ratenkrediten, NJW 1977, 1520 f.

v. Caemmerer: Preisverstöße und § 817 S. 2 BGB, SJZ 1950, 646—651.

Calé: Das Rückforderungsrecht des Wucherers beim wucherischen Darlehen, Diss. Heidelberg 1908.

Caro: Der Wucher, Leipzig 1893.

Cohn: Die wuchergesetzlichen Bestimmungen des Bürgerlichen Gesetzbuches, Gruchots Beitr. 41 (1897), 784—797.

Consbruck / Möller: Kreditwesengesetz, Kommentar, München-Berlin 1965.

Crisolli: Abzahlungsgeschäfte, 4. Aufl., Berlin-Leipzig 1931.

Crowther Report: Report of the Committee, Chairman Lord Crowther, London 1971.

Dehnel: Kreditwucher nach geltendem Deutschen und Schweizerischen Strafrecht, Diss. Erlangen 1933.

Dernburg: Das Bürgerliche Recht des Deutschen Reichs und Preußens, Band 1: Die allgemeinen Lehren, 3. Aufl., Halle 1906.

Deutscher Industrie- und Handelstag: Mindestanforderungen an Preisvergleichs, WRP 1974, 543.

Doll: L'usure, le demarchage et la publicité en matière de prêts d'argent, Gaz. Pal. 1967, 1 doctr. 99 ff.

Dreiss / Eitel-Dreiss: Erstes Gesetz zur Bekämpfung der Wirtschaftskriminalität, Bergisch Gladbach 1977.

Ebel / Lilienthal: Mieterschutz und Mieteinigungsämter, 4. Aufl., Berlin 1930.

Ebermayer: Kriegswucher, Gruchots Beitr. 60 (1916), 193.

Eccius: Kondiktion des Wucherers nach BGB, DJZ 1903, 41 f.

Eckstein: Studien zur Lehre von den unsittlichen Handlungen, Rechtshandlungen und Rechtsgeschäften, insbesondere Verträgen, Arch. BüRe 41 (1915), 178 ff.

Eichler: Kann der Wucherer nach dem Bürgerlichen Gesetzbuche das dem Bewucherten geleistete kondizieren? Diss. Leipzig 1908.

Endemann: Studium in der romanisch-kanonistischen Wirtschafts- und Rechtslehre bis gegen Ende des 17. Jahrhunderts, 2 Bde., Berlin 1874, 1883.

Enneccerus / Nipperdey: Allgemeiner Teil des Bürgerlichen Rechts, 2. Bd., 15. Aufl., Tübingen 1960.

Erman-Bearbeiter: Handkommentar zum BGB, 1. Bd., 6. Aufl., Münster 1975.

Esser: Lehrbuch des Schuldrechts, Bd. 2: Besonderer Teil, 4. Aufl., Karlsruhe 1971.

Ewald: Der Teilzahlungsaufschlag, MDR 1955, 392—394.

v. Falckenstein: Wettbewerbsrechtlicher Verbraucherschutz in der Praxis statistische Bestandsaufnahme — notwendige Verbesserungen, in: Gewerblicher Rechtsschutz — Urheberrecht — Wirtschaftsrecht, Mitarbeiterfestschrift für Eugen Ulmer, Köln 1973, S. 307—319.

Farnsworth: Installment Sales, in: International Encyclopedia of Comparative Law, vol. 8 (Specific Contracts), chapt. 4, Tübingen-Mouton-The Hague-Paris 1973.

Fischer: Der Wucherer hat kein Rückforderungsrecht, Recht 1917, 285 f.

Flume: Allgemeiner Teil des Bürgerlichen Rechts, 2. Bd.: Das Rechtsgeschäft, 2. Aufl. Berlin u. a. 1975.

Franke: Rechtsvergleichende Beiträge zum Problem des Mißverhältnisses von Leistung und Gegenleistung bei Vertragsschluß, Diss. Frankfurt 1969.

Freund: Anmerkung zum Urteil des OLG München vom 27. 2. 1976, NJW 1977, 636.

Gavalda / Staufflet: La limitation des taux d'interêts conventionnels par la loi no. 66—1010 du 28 dec. 1966 sur l'usure, JCP 1968 I, 2172.

Gelberg: Kommentar zur Preisangabenverordnung, Düsseldorf 1975.

Genzmer: Die antiken Grundlagen der Lehre vom gerechten Preis und die laesio enormis, in: Deutsche Landesreferate zum II. Internationalen Kongreß für Rechtsvergleichung in Haag 1937, Berlin-Leipzig 1937, S. 25 ff.

Gerhardt: Sicherungsübereignung und Pfändungsschutz, JuS 1972, 696—701.

Giese: Wichtige Änderungen des Abzahlungsgesetzes, BB 1974, 722 f.

— Die Restschuldversicherung ist eine besondere Dienstleistung, TW 3/1975 S. 29.

Gilles: Zur aktuellen Zivilrechtsproblematik gewerbsmäßiger Ehevermittlung, JZ 1972, 377—384.

Göhler / Wilts: Das Erste Gesetz zur Bekämpfung der Wirtschaftskriminalität (II), Betr. 1976, 1657 ff.

Gössling: Handkommentar zum Heimgesetz, Hannover 1976.

Goode: Introduction to the Consumer Credit Act 1974, London 1974.

Graff: Kann der Wucherer das von ihm Geleistete zurückverlangen? DJZ 1908, 1102 f.

Großmann / Schneider: Arbeitsrecht, 3. Aufl., Bonn 1974.

Günther: Der Verbraucher und die Wettbewerbspolitik, WuW 1972, 427 ff.

Guhl: Das Schweizerische Obligationenrecht, 5. Aufl., Zürich 1956.

Hachenburg: Rechtsfragen aus dem Gebiet der Höchstpreise, LZ 1915, 14 ff.

Halbach / Wieken: Vergleichende Preiserhebungen, in: Verbraucherrundschau 1973 Heft 4 S. 3—12.

Handbuch des Verbraucherrechts, herausgegeben von der Arbeitsgemeinschaft der Verbraucher und dem Deutschen Gewerkschaftsbund, Loseblattsammlung, Stand: August 1977.

Hans: Mietrecht, Kommentar, Loseblattsammlung Bd. 1, München.

Hartmann: Das Wucherstrafrecht in Geschichte und Gegenwart und in den Entwürfen zu einem deutschen Strafgesetzbuch, Diss. Tübingen 1933.

Hartung: Die Aufrechterhaltung des unter Überschreitung der Höchstpreise abgeschlossenen Kaufgeschäfts und die Aufrechterhaltung in ähnlichen Fällen im deutschen und fremden Recht, Diss. Göttingen 1919.

Hartwieg: Culpa in contrahendo als Korrektiv für „ungerechte" Verträge, JuS 1973, 733—740.

Heck: Die Ausdehnung des § 817 Satz 2 auf alle Bereicherungsansprüche, AcP 124 (1925), 1—68.

Hedler: Die zivilrechtlichen Wirkungen wucherischer Geschäfte, Diss. Halle-Wittenberg 1913.

Hein / Eichhoff / Puckall / Krien: Güterkraftverkehrsrecht, Loseblattsammlung, Berlin, Stand: Dezember 1976.

Hellmann: Vorträge über das Bürgerliche Gesetzbuch, Allgemeiner Teil, Freiburg i. Br. u. a. 1897.

Henke: Die SCHUFA im Jahre 1976, TW 6/1977 S. 16 ff.

Henning: ohne Titel, DR 1935, 261.

Herrmann: Anmerkung zum Urteil des BGH vom 30. 5. 1958, MDR 1959, 116.

Herzog: Quantitative Teilnichtigkeit, zugleich Darlegung zur Struktur des Rechtsgeschäfts und der rechtsgeschäftlichen Bestandteile, Diss. Göttingen 1926.

Hinschius: System des Katholischen Kirchenrechts mit besonderer Rücksicht auf Deutschland, 5. Bd., Berlin 1895.

v. Hippel, Eike: Besserer Rechtsschutz des Verbrauchers? RabelsZ 37 (1973), 268—283.

— Kontrolle der Werbung? ZRP 1973, 177—182.

— Verbraucherschutz, Tübingen 1974.

— Verbraucherschutz, RabelsZ 40 (1976), 513—534.

Hirsch: Soziale Adäquanz und Unrechtslehre, ZStW 74 (1962), 78—135.

Hoff: Wann ist das Kapital eines nichtigen Wucherdarlehens rückforderbar? AcP 156 (1957), 483—507.

Holschbach: Rechtsfragen um das Widerrufsrecht nach § 1 b AbzG, NJW 1975, 1109—1111.

v. Holst: Der Adhäsionsprozeß, Diss. Hamburg 1969.

Honsell: Die Rückabwicklung sittenwidriger oder verbotener Geschäfte, München 1974.

Hueck: Heilung nichtiger Arbeitsverträge durch Tarifverträge, in: Arbeitsrecht 1923, 347 f.

— Arbeitsvertrag und Arbeitsverhältnis im neuen Arbeitsvertragsgesetz, Iherings Jb. 74 (1924), 358—386.

Hueck / Nipperdey: Lehrbuch des Arbeitsrechts, 1. Bd., 7. Aufl. Frankfurt-Berlin 1963.

Hülsmann: Voraussetzungen und Wirkungen der wucherischen Geschäfte im Lichte der neueren Literatur und Rechtsprechung, Diss. Köln 1938.

Ihmels: Zur Zinsberechnung bei Teilzahlungskrediten, BB 1975, 1510—1513.

Isele: Anmerkung zum Urteil des BAG vom 10. 3. 1960, SAE 1960, 278 f.

Isopescul-Grecul: Das Wucherstrafrecht, Leipzig 1906.

Karbach: Kreditvermittler, Berlin 1977.

Kaulla: Die Lehre vom gerechten Preis in der Scholastik, ZfdgSW 60 (1904), 579 ff.

Kaupen / Rasehorn: Das Verhältnis der Bevölkerung der BRD zur Rechtspflege — Ergebnis einer repräsentativen Umfrage, NJW 1971, 497—499.

Kern / Roxin: Strafverfahrensrecht, 14. Aufl., München 1976.

Kessler: Nochmals: Auswirkungen des § 247 BGB auf die Zinsen bei Ratenkrediten, NJW 1977, 2060 f.

Kipp: Die guten Sitten im Kriege, DJZ 1915, 466 ff.

Kirchberger: Der strafbare Kriegsgewinn nach der Rechtsprechung des Reichsgerichts, Leipzig 1917.

Kittelmann: Laesio enormis, Diss. Zürich 1919.

Klang / Gschnitzer: Kommentar zum AGBG, IV. Band 1. Halbbd., 2. Aufl., Wien 1968.

Klauss: Sittenwidrige Teilzahlungszuschläge, BB 1955, 809—811.

König: Konsumentenkredit — Die Neuordnung in den USA und deutsche Reformprobleme, Stuttgart 1971.

Kohlmann: Wirksame strafrechtliche Bekämpfung des Kreditwuchers, Tübingen 1974.

Kommissionsbericht: Tagungsberichte der Sachverständigenkommission zur Bekämpfung der Wirtschaftskriminalität, herausgegeben vom Bundesminister der Justiz, VI. Bd., Bonn 1974 (zitiert: Kommissionsbericht)

Kramer: Informationskrise des Rechts und Veröffentlichungspraxis, ZRP 1976, 84—89.

Krampe: Anmerkung zum Urteil des OLG Stuttgart vom 21.11.1974, JZ 1975, 574—576.

Krückmann: Der Rückforderungsanspruch des Wucherers, ZfRpfl. i. Bayern 1915, 189—192.

Kunz / Ruf / Wiedemann: Heimgesetz, München 1976.

Lackner: Strafgesetzbuch mit Erläuterungen, 11. Aufl., München 1977.

Lang: Teilweise Nichtigkeit der Rechtsgeschäfte, § 139 BGB, Berlin 1926.

Larenz: Lehrbuch des Schuldrechts, 2. Bd.: Besonderer Teil, 11. Aufl., München 1977.

Lehmann: Wucher und Wucherbekämpfung im Krieg und Frieden, Leipzig 1917.

Lehmann / Hübner: Allgemeiner Teil des BGB, 16. Aufl., Berlin 1966.

Leipziger Kommentar, Bd. 3, 9. Aufl. New York-Berlin, 1977 (zitiert: LK-Bearbeiter).

Lessing: Die Preistreiberei als Problem des Wirtschaftsstrafrechts, Diss. Göttingen 1972.

Liebnitz: Sittenwidrigkeit bei auffälligem Mißverhältnis zwischen Leistung und Gegenleistung, DJ 1935, 843—846.

v. Lilienthal: Die Wuchergesetzgebung in Deutschland unter besonderer Berücksichtigung der Entwicklung derselben im preußischen Staate, JNS NF 1 (1880), 140 ff., 366 ff.

— Der Wucher auf dem Lande, ZStW 8 (1888), 157 ff.

Lindacher: Grundsätzliches zu § 138 BGB — Zur Frage der Relevanz subjektiver Merkmale, AcP 173 (1973), 124—136.

— Anmerkung zum Urteil des BGH vom 21.3.1977, JR 1977, 412 f.

Löwe: Neuerungen im Abzahlungsrecht, NJW 1974, 2257—2264.

Luther / Becher: Italienische Zivilgesetzbuch 1942, Berlin-Tübingen 1965.

Lux: Das Rückforderungsrecht des Wucherers und die Nichtigkeitslehre, LZ 1919, 562—567.

Mahnke: Der Wucherbegriff in seiner rechtlichen Fortbildung mit besonderer Berücksichtigung der jüngsten Vergangenheit, Diss. Freiburg 1932.

Marwitz: Besprechung von Wilhelm Thiele, Raumwucherrecht, JW 1928, 2510.

Medicus: Vergütungspflicht des Bewucherten? Festschrift für Rolf Dietz, München 1973, S. 61—77.

— Bürgerliches Recht, 7. Aufl., Köln u. a. 1975.

Meeßen: Anmerkung zum Urteil des LG Köln vom 4. 11. 1954, MDR 1955, 414 f.

Müller-Emmert / Maier: Das Erste Gesetz zur Bekämpfung der Wirtschaftskriminalität, NJW 1976, 1657—1664.

Mugdan: Gesammelte Materialien zum BGB für das Deutsche Reich, 1. Bd.: Einführungsgesetz und Allgemeiner Teil, Berlin 1899.

Naucke: Der Kausalzusammenhang zwischen Täuschung und Irrtum beim Betrug, Festschrift für Karl Peters, Tübingen 1974, S. 109—120.

Neubecker: Die civilistische Stellung des Wucherers nach neuem Recht, DJZ 1902, 568—570.

Neumann: Geschichte des Wuchers in Deutschland, Halle 1865, Neudruck Leipzig 1969.

Nikisch: Arbeitsrecht, Bd. 1, 3. Aufl., Tübingen 1961.

Nolden: Der Grundsatz der Restgültigkeit, Diss. Köln 1939.

Oertmann: Hungerlöhne und Arbeitsvertrag, DJZ 1913, 254—258.

— Privatrechtliche Folgen der Überschreitung von Höchstpreisen, JW 1917, 255 ff.

v. Olshausen / Schmidt: Automatenrecht, Berlin 1972.

Oser / Schönenberger: Das Obligationenrecht, 1. Halbband, 2. Aufl. Zürich 1929.

Ostler / Weidner: Abzahlungsgesetz, 6. Aufl., Berlin-New York 1971.

Packard: Die geheimen Verführer, Düsseldorf 1957.

Palandt-Bearbeiter: Kommentar zum BGB, 37. Aufl., München 1978.

Pierer von Esch: Teilnichtige Rechtsgeschäfte, Köln u. a. 1968.

Pitch: Consumer Credit Reform: The case for a renewed federal initiative, Ottawa L. Rev. 5 (1972), 324—341.

Pohlmann: Anmerkung zum Urteil des Landgerichts Essen vom 22. 9. 1954, MDR 1955, 99 f.

Reich: Abzahlungsgesetz und Verbraucherschutz, JZ 1975, 550—555.

— Anmerkung zum Urteil des OLG München vom 27. 2. 1976, NJW 1977, 636 f.

— Neue Tendenzen des kartellrechtlichen Verbraucherschutzes in der BRD, ZVP 1977, 227 ff.

Reich / Tonner / Wegener: Verbraucher und Recht, Göttingen 1976.

Reichel: Der Wucher und seine Bekämpfung, DJZ 1913, 150.

— Nichtigerklärung des Wuchergeschäfts gegen den Willen des Bewucherten, LZ 1917, 654 f.

Reichsgerichtsrätekommentar: Das BGB mit besonderer Berücksichtigung der Rechtsprechung des Reichsgerichts und des BGH,
  1. Bd. 1. Teil: Allgemeiner Teil, 11. Aufl., Berlin-New York 1959,
  1. Lieferung: §§ 812—822, 12. Aufl. Berlin-New York 1974.
  (zitiert: RGRK—BGB [Bearbeiter]).

Reifner: Das System der Rechtsberatung in der Bundesrepublik Deutschland, JZ 1976, 504—511.

Reimer / v. Gamm: Wettbewerbs- und Warenzeichenrecht, 2. Bd.: Wettbewerbsrecht, 4. Aufl. Köln u. a. 1972.

Reischauer / Kleinhans: Kreditwesengesetz, Loseblattsammlung, Stand: November 1976.

Rentrop: Preisbildung und Preisüberwachung in der gewerblichen Wirtschaft, Hamburg 1937.

Riezler: Venire contra factum proprium, Leipzig 1912.

Rives / Lange: Escompte et usure, Recueil Dalloz 1975, chron. 31—36.

Roquette: Wucher im Zivilrecht, insbesondere Mietwucher, Berlin 1929.

Rosenthal: Übermäßiger Gewinn im Sinne der Preissteigerungsverordnung vom 23. 7. 1915 / 23. 3. 1916, München-Berlin-Leipzig 1917.

Roth: Zinswucher, JW 1933, 817 f.

Rubin: The Uniform Consumer Credit Code — A Blend of Consumer Protection and Consumer Credit Reform, Commercial L. J. 76 (1971), 69 f.

Ruth: Das Kanonische Zinsverbot, in: Beiträge zum Wirtschaftsrecht 1931, 316—348.

Sack: Unlauterer Wettbewerb und Folgevertrag, WRP 1974, 445 ff.

Sandrock: Subjektive und objektive Gestaltungskräfte bei der Teilnichtigkeit von Rechtsgeschäften, AcP 159 (1959/60), 481 ff.

Schachtschabel: Bekämpfung des Kreditwuchers durch Änderung des § 302 a StGB — wirtschaftswissenschaftliche Betrachtung, in: Tagungsberichte der Sachverständigenkommission zur Bekämpfung der Wirtschaftskriminalität, VI. Bd., Bonn 1974, Anl. 6.

Schmidt, H.: Das Kündigungsrecht bei hohem Zinssatz nach § 247 BGB, BB 1974, 201 f.

Schmidt, Richard: Strafbarer Eigennutz und Verletzung fremder Geheimnisse, in: Vergleichende Darstellung des Deutschen und ausländischen Strafrechts, Bd. 8, Berlin 1906, S. 161 ff.

Schmidt-Futterer: Die neuen Vorschriften über den Mietwucher in straf- und zivilrechtlicher Sicht, JR 1972, 133—137.

— Wohnraumschutzgesetze, 2. Aufl., München 1976.

Schönke / Schröder: Strafgesetzbuch, Kommentar, 19. Aufl., München 1978.

Schöpf: Recht und Praxis der modernen Heiratsvermittlung, Karlsruhe 1962.

Scholten: Die Kreditgebühren der Teilzahlungsbanken und das Zinseszinsverbot, NJW 1968, 385 f.

Scholz, Franz Josef: Probleme der Zusamemnarbeit mit Vermittlern im Teilzahlungsgeschäft, TW 1967, 148—155.
— Die 2. Novelle zum Abzahlungsgesetz, MDR 1974, 881—885.
— Anmerkung zum Urteil des KG vom 26. 9. 1974, BB 1974, 1605 f.
— Sind Restschuldversicherungen Kreditkosten? MDR 1976, 281, 284.
— Falsche Interpretation des § 247 BGB bei Ratenkrediten, TW 6/1977 S. 33.
— Zur Zinsberechnung bei Teilzahlungskrediten, BB 1977, 1425—1429.

Scholz, Rupert: Erweiterung des Adhäsionsverfahrens — rechtliche Forderung oder politischer Irrweg? JZ 1972, 725—731.

Schoreit: Rechtsberatung unentgeltlich, Karlsruhe 1974.

Schork: Gesetz über das Kreditwesen, Kommentar, Köln u. a. 1965.

Schricker: Wettbewerbsrecht und Verbraucherschutz, RabelsZ 36 (1972), 315 ff., 326 ff.
— Die Rolle des Zivil-, Straf- und Verwaltungsrechts bei der Bekämpfung unlauteren Wettbewerbs, GRUR (Int.) 1973, 694—700.

Schulz, Harald: Restschuldversicherung und Effektivverzinsung, TW 1/1977 S. 24.

Schweingruber: Die wirtschaftlich schwächere Vertragspartei, Diss. Bern 1930 (Abhandlungen zum schweizerischen Recht NF, Heft 54).

Sellmann / Ferber: Preisrecht, Berlin u. a. 1944.

Siebert: Das Arbeitsverhältnis in der Ordnung der nationalen Arbeit, Hamburg 1935.

Simitis, Konstantin: Verbraucherschutz — Schlagwort oder Rechtsprinzip, Baden-Baden 1976.

Soergel / Siebert-Bearbeiter: Bürgerliches Gesetzbuch, Kommentar, Stuttgart u. a.,
 1. Bd.: Allgemeiner Teil, 10. Aufl. 1967,
 3. Bd.: Schuldrecht II, 10. Aufl. 1969.

Spiro: Können übermäßige Verpflichtungen oder Verfügungen in reduziertem Umfang aufrechterhalten werden? ZBJW 88 (1952), 449 ff., 497 ff.

Statistisches Bundesamt: Verurteiltenstatistik der Bundesrepublik Deutschland, Fachserie A: Bevölkerung und Kultur, Reihe 9: Rechtspflege, Wiesbaden 1954—1975.

Staudinger-Bearbeiter: Kommentar zum Bürgerlichen Gesetzbuch, Berlin,
 1. Bd.: Allgemeiner Teil, 11. Aufl. 1957,
 2. Bd. 3. Teil: §§ 611—704, 11. Aufl. 1958,
 2. Bd. 4. Teil: §§ 705—822, 10./11. Aufl. 1975.

Stoll: Die Bedeutung der Entscheidung des Großen Senats für Zivilsachen über Wucher und Überteuerung (RGZ 150, 1), AcP 142 (1936), 333—340.

Sturm: Die Neufassung des Wuchertatbestandes und die Grenzen des Strafrechts, JZ 1977, 84 ff.

Tiedemann: Plädoyer für ein Wirtschaftsstrafrecht, ZRP 1976, 49—54.

Tröndle: Einheit und Vielfalt des Strafrechts, JR 1974, 221—230.

v. Tuhr: Der Allgemeine Teil des Deutschen Bürgerlichen Rechts, 2. Bd. 1. Hälfte, Tübingen 1918.

Ulmer / Niemeier: Die freiwillige Selbstkontrolle in Wirtschaft und Presse, WRP 1975, 549—560.

Ungnade: Ausgewählte Einzelfragen aus dem Wettbewerbsrecht der Kreditinstitute, WRP 1975, 1078—1084.

Uniform Consumer Credit Code: Official Text with comments, St. Paul, Minn. 1969.

Vasseur: Usure et prêt d'argent, Banque 1967, 457.

Verbraucherbeirat: Empfehlungen des Verbraucherbeirats zur Verbesserung des Schutzes der Verbraucher gegenüber unlauterem Wettbewerb vom 13. 6. 1975 (unveröffentlicht).

Verbraucherzentrale Baden-Württemberg: Schwarzbuch über Geld- und Kreditinstitute, Stuttgart 1975.

Verbraucherzentrale Hamburg: Ratgeber für den Umgang mit Geldinstituten, Hamburg 1974.

Verein für Socialpolitik: Der Wucher auf dem Lande, Schriften des Vereins für Socialpolitik Bd. 35, Leipzig 1887.

Wallace: The Uses uf Usury: Low Rate Ceilings reexamined, Boston U. L. Rev. 56 (1976), 451—497.

Warren: Consumer Credit Law: Rates, Costs and Benefits, Stan. L. Rev. 27 (1975), 951 ff.

Weyhenmeyer: Preisvergleiche im Einzelhandel, in: Einzelhandelsberater 1972, 422—424.

Zeiler: Der zulässige Verkaufpreis nach der Preistreibereiverordnung, Leipzig 1922.

o. V.: Die Bedeutung der Verordnung über Preisangaben für die Angabe des effektiven Jahreszins bei Ratenkrediten, in: Aktuelle Beiträge zur Wirtschafts- und Finanzpolitik Nr. 79/1973 vom 13. 8. 1973, herausgegeben vom Presse und Informationsamt der Bundesregierung.

o. V.: Erste Ergebnisse der Erhebung über Bankzinsen, in: Monatsberichte der Deutschen Bundesbank 1967 Heft Oktober S. 46—51.

o. V.: Irreführende Werbung in Publikumszeitschriften, in: Verbraucherrundschau 1975 Heft 4 S. 5—12.

o. V.: Kreditvermittler im Widerstreit der Meinungen, TW 5/1973 S. 32 f.

Printed by Libri Plureos GmbH
in Hamburg, Germany